나를
위한,

감정의 심리학

나를
위한,

감정의 심리학

국
수

최기홍 지음

프롤로그

한 대학 신입생의 이야기이다. 그 학생은 평소대로 아르바이트를 하고 저녁에 허기진 상태로 귀가했단다. 집에는 아무도 없었고 밥솥도 비어 있는 것을 확인하고는 그 학생은 화가 났단다. '엄마는 늘 이런 식이지 뭐!' 하는 생각이 들었던 것이다. 처량한 마음이 들어 벽에 기대어 주저앉아 가만히 생각해보았단다. 그런데 난생처음 엄마에 대한 연민의 감정이 들었단다. '왜 엄마만 탓해? 이제 나도 성인인데, 스스로 해 먹으면 되지, 왜 징징대고 그래?!' 하는 생각이 들었단다. 불 꺼진 집에 들어와 빈 밥솥을 보았을 때는 자식에게 신경 써 주지 않는 엄마에게 짜증이 나고 화도 났지만, 그 감정을 가라앉히고 가만히 생각해보니, 홀로 남매를 키우셨던 엄마가 밥벌이 때문에 늦게 귀가하시는 상황을 이해 못 할 게 아니라는 생각이 들었던 것이다.

이 사례에서의 두 감정, 즉 '화'와 '연민'은 서로 다르지만 둘 다 한 사람의 마음속에서 연이어 생겨날 수 있다. 그 첫 번째 감정인 '화'를 냈던 사람이 잠시 후 자발적으로 자신의 '화'를 가만히 마주하자, '화'의 감정이 돌연히 두 번째 감정인 '연민'으로 치환되었다. 그 학생은 자기감정이 자신에게 보내는 메시지에 귀 기울였기에 '엄마가 나를 더 챙겨주면 좋겠다'라는 화의 메시지를 '힘들게 살아내는 엄마를 위로하고 싶다'라는 생각으로 바꿀 수 있었다. 이처럼 감정은 감정을 일으키는 당사자에게 당장의 마음 상태에 대해 메시지를 보낸다. '지금 내 마음이 이래, 이런 내 마음을 알아줘' 하는 메시지를 자기에게 알리는 것이다. '그 메시지를 어떻게 만나느냐'에 따라 감정은 본인에게 삶의 태도를 갖추게 한다. 그러므로 모든 왜곡과 갈등에는 화해의 단서가 포함되어 있다. 다행히 그 단서를 포착한 그 학생은 곧장 엄마에게 전화를 걸어 말했단다. "엄마, 어디야? 아직 일해요? 식사는 했고? 엄마도 밥 잘 챙겨 드세요. 아니 그냥…… 엄마가 해 주는 밥 먹고 싶어서 전화했어. 엄마 사랑해."

우리가 느끼는 다양한 감정은 가정에서, 학교에서, 직장에서, 단체에서 남들과 어울리는 동안 나타나는 마음의 스펙트럼이다. 나의 가치와 상충되거나, 나의 가치가 무시되거나, 나의 가치가 존중받을 때 일어나는 감정은 그때그때 자신에게 메시지를 보낸다. 그러고는 사람들 사이에서 살아갈 수 있도록 스스로를 돕는다. 초등학생인 두 아이를 키우는 나는 내 아이들이 표현하는 감정과 내 마음속에서 느껴지는 감정을 통해 양육에 대한 힌트를 얻는 경우가 잦다. 또한 임상심리학자로서 내담자와 심리치료를 하는 과정에서도 회복을 위한 가장 중요한 단서를 '감정'에서 발견한다. 그런데 감정이 중요하다고 말은 하지만, 고통스러운 감정 앞에서는 나 역시 감정을 잘 살피고 잘 이해하기는 쉽지 않다. 많은 사람이 나와 비슷한 경험을 하지 않을까 싶다. 입시 제도에 묶여 있는 청소년, 그들의 부모, 취업과 생활이 만만치 않은 청년들, 코로나19 영향으로 막막함과 좌절감을 겪는 소상공인, 육아와 직장생활을 병행하는 부부, 성공을 위해 달려왔으나 정작 외로운 중장년과 노년을 살아가는 사람들 말이다. 내가 상담하면서 만나는 많은 내담자에게 감정은 부담스럽거나 피하고 싶은 무형의 존재인 듯하다. 임상심리학자인 나 역시 일상에서 감정을 피하려는 태도를 보일 때도 적지 않다. 그럴 때마다 '자기감정의 메시지가 중요하다며!'라고 혼잣말하면서 나의 감정을 응시할 따름이다. 하지만 그렇게 자기감정을 가만히 바라보며 살갑게 보듬을 때, 비로소 감정은 우리를 생동하게 한다.

이 책은 '감정과 삶'이라는 제목으로 내가 고려대학교에서 핵심교양 과목으로 강의한 내용을 정리한 것이다. 그 강의를 통해 나는 수강생들에게 전달하고 싶은 것이 있었다. 하지만 수강생들에게 나는 '감정은 중요합니다. 그러니 감정을 느끼세요'라는 식의 조언을 하지 않았다. 감정은 사람마다 그렇게 느끼는 이유와 방식이 다르기 때문이다. 감정은 누군가의 삶의 표정이기에 같은 삶을 살아보지 않은 내가 섣불리 조언할 수 없는 까닭이기도 하다. 그래서 나는 나만 감정이 어려운 것은 아니라는 안도감을 주고 싶었고, 사람마다 감정이 어렵고 다르기에, 그 감정이 무엇이고 그 이유를 탐색하고 이해할 용기를 주고 싶었다. 그 과정에서 수강생들이 자신의 긍정적인 감정과 부정적인 감정을 자연스럽게 보듬는 경험을 하게 될 것이라고 생각했다.

이 책의 산모 격인 '감정과 삶'을 수강했던 20대에서 40대에 이르는 대학생과 대학원생들에게 그 강의가 자기 감정과 삶을 이해하는 데 도움이 되었다는 피드백을 받았다. 당시의 강의를 정리해 2018년 봄에 사회평론 출판사에서 (우여곡절을 겪은 책 제목인) 『아파도 아프다 하지 못하면: 감정 마주하기 수업』을 출간했다. 이 책은 그 책의 전면 개정판이다. 앞서 출간된 그 책의 내용을 더 명확하게 하기 위해 일부 내용은 빼고 대폭 고쳤다. 대신 코로나19, 포스트 코로나 시대를 살아가는 당장 우리의 고민, MZ 세대의 무거운 마음, 감정 중심의 심리치료적 임상 경험을 추가하여 이 책에 담았다. 즉, '어떻게 우울감에서 벗어날 수 있을까?' '사람 만나는 일을 두려워하는데 그것을 극복할 방안은 무엇일까?' '한국 사회에서 유년, 청소년이 감정의 고통을 다룰 수 있도록 돕는 데 우선 필요한 것은 무엇일까?' '우리 사회의 젊은이들은 무엇을 두려워하는가?' '50대 즈음의 부모나 상사는 왜 화를 많이 낼까?' '주말도 반납하고 앞만 보고 살아왔는데, 왜 젊은 세대는 나를 존중하지 않을까?' 등에 대한 대답을 나는 이 책을 통해 '감정'에서 찾아보았다.

이 책의 앞부분에서는 감정이 존재하는 이유와 감정을 이해하기 어려운 여러 까닭을 소개했다. 역사 속에서 감정과 이성에 대해 논쟁하거나 고민한 철학자들과 예술가들이 있었는데, 그 지성인들의 생각을 심리학자의 관점에서 살폈다. 그 과정에서 감정의 난해함을 이해하고, 동시에 감정의 중요성을 자각할 수 있기를 바랐다. 이 책의 중반부에서는 우리에게 익숙한 감정들을 하나씩 살폈다. 이를테면, 슬픈 감정은 왜 존재할까? 슬픈 감정을 느끼지 못하면 어떤 태도를 보일까? 슬픈 감정이 전하는 메시지는 무엇일까? 슬픈 감정에 귀 기울여보는 노력이 왜 중요할까? 그리고 그것은 어떻게 가능할까? 그밖에 두려움, 화, 질투, 그리고 시기 같은 감정도 같은 질문으로 대답해보았다. 이 책의 뒷부분에서는 우리가 감정에 대해 갖는 여러 가지 태도에 대해 살피고, 그 감정에 대해 개별적으로 평가해볼 수 있는 '간단한 정서 도식 평가 도구'를 소개했다. 또한 각 장마다 감정을 이해하는 데 도움이 되는 심리학 이론, 연구 사례, 영화, 문학 작품 등을 소개하면서 각각의 주제에 다양하게 다가갔다. 예컨대, 영화를 감정의 심리학 관점으로 해석해보았고, 심리학 지식을 편하게 접할 수 있도록 풀어서 설명하기도 했다. 또한 주제에 대한 설득력을 높이기 위해 곳곳에서 여러 가상의 사례 혹은 재구성한 사례를 소개했다.

이 책의 내용을 강의하고 저술하는 동안, 아이러니하게도 지쳐 있던 내 마음도 위안 받은 순간이 있었다. 강의 시간 내내 눈을 반짝이며 듣고 필기하고 질문하던 많은 수강생에게 이 자리를 빌려 감사드린다. 또, 이 책이 나오기까지 기획 단계부터 도와주신 국수 출판사의 편집부에 감사드린다. 각 장의 내용을 잘 포착해 연필화로 잘 표현해주신 이철형 님께도 감사하다는 말을 전한다. 마지막으로, 내게 '감정'이라는 화두를 살피게 해주고 통찰을 준 사랑하는 아내와 두 아들, 그리고 어려운 상황에서도 나를 믿고 함께 해주신 내담자분들께 감사드린다. 이 책이 우리 사회의 많은 사람이 자신과 사회적인 삶을 이해하는 데 뜻있는 기회를 줄 수 있기를 바란다.

2022년 2월, 최기홍

차례

1
'감정'이 존재하는 까닭

'감정과 삶'의 첫 수업에서 한 학생이 말했다. "대학에 들어와서도 그렇고, 그 전에도 감정적으로 힘든 적이 많았어요. 고등학생 때는 대학에 가면 괜찮을 거라 생각했는데, 대학에 왔는데 그때보다 오히려 더 힘든 것 같아요. 제가 왜 이런 감정을 계속 느끼는지, 어떻게 하는 게 좋을지 막막해요."

대학 입시라는 치열한 경쟁을 뚫고 낭만적인 대학 생활을 기대하며 대학에 들어왔지만 여전히 불안하거나 외로워하는 학생들이 많다는 말을 듣는다. 마음이 힘들다는 것은 '감정의 힘듦'을 뜻하는 것이다. 철학과 임홍빈 교수가 저서 『수치심과 죄책감』에서 "인간이 참기 어려운 것은 고난 자체가 아니라, 고난이나 고통의 무의미함이다"라고 말했듯이, 학생들의 '마음의 힘듦'은 '자기감정의 불편함이나 괴로움'이겠지만, 그 실상은 불편하거나 괴로운 자기감정의 의미를 알아차리기 어려운 까닭일 것이다.

왜 감정은 어려운지, 왜 감정은 때때로 고통스러운지, 왜 어떤 감정은 받아들이기 힘든 것인지, 그렇다면 감정은 왜 존재하는 것인지, 감정을 통제하면 우리 삶은 나아질 수 있는 것인지……, 이런 물음에 대해 말해보겠다.

우리는 다양한 감정을 느끼며 살아간다. 사랑, 질투, 불안, 호감, 분노, 슬픔, 기쁨 등등. 중고등 학생 때는 이런 감정들에 휘둘리면 안 된다고, 딴생각하지 말고 공부에만 집중하라는 충고를 들어왔다. 그래서 학생들은 '감정'이라는 것을 가만히 살피며 이해해야 할 대상이 아닌, 억제해야 하는 대상이라고 생각하곤 했다.

나는 20대 초반에 친한 사람들한테는 '우울해 보인다'는 말을 듣곤 했다. 그때는 '우울한 감정'은 나쁜 것이라고 생각했다. 그래서 나는 평소에 우울하지 않도록 최대한 노력해야 한다고 생각했다. 왜 내가 우울한 것인지는 전혀 고민하지 못했다. 그런데 생각해보자. 만약에 '우울'에 들어있는 슬픔, 불안, 화 등이 인간에게 도움이 안 되는 감정이

라면, 그런 감정은 인류가 진화해오는 동안 사라졌어야 한다. 그것이 인간이 환경에 적응하는 과정에서 유리하기 때문이다. 하지만 슬픔, 불안, 화 같은 감정은 세상에서 사라지지 않았고 오히려 더 강해지고 있다. 사회학자 장 트웬지 Jean Twenge 박사에 따르면, 실제로 지난 수십 년 동안 우울과 불안과 같은 정신 건강 문제를 겪는 청년층의 인구가 점차 늘어나고 있단다. 우리나라에서도 5년마다 보건복지부에서 정신 질환 실태 역학조사를 실시하는데, 우울장애 등의 정신 질환의 유병률이 증가하고 있다고 보고한다. 왜 그럴까?

감정이 인간의 삶 속에 깊숙이 자리 잡은 이유는 감정이 우리가 환경에 적응하고 생존하는 데 중요한 역할을 하기 때문이다. 감정에는 우리가 환경에 적응하고 생존하는

데 필요한 중요한 메시지가 담겨 있다. 이것이 우리가 감정에 귀 기울여야 하는 첫 번째 이유이다. 신이 인간에게 부여한 것이든, 인간이 환경에 적응하면서 습득한 것이든, 감정은 메시지를 주체(나)에게 전달하여 나름의 목적이 달성되기 전까지 그 어떤 합리화나 억제에도 결코 물러서거나 사라지지 않는다. 우리가 감정을 외면하거나 억압하려 할 때면 감정은 그 고통을 더해 우리에게 목적 달성을 지속적으로 요구한다. 그것이 바로 감정이 지닌 놀라운 힘이다. 그래서 감정은 통제하거나 조절할 대상으로 여기면 안 된다. 오히려 가까이 두고 보살펴야 하는 대상으로 봐야 한다. 웹툰 『미생』에서, 어느 날 천관웅 과장이 인턴사원인 장그래를 술자리로 불러서 이렇게 말한다. "내가 회사 생활하며 가장 좋았던 게 뭔지 알아? 술을 배운 거지. 외로운 거 이놈한테 풀고, 힘든 거 이거 마시며 넘어가고……. 싫은 놈한테 굽실거릴 수 있었던 것도 다 술 때문이지. 그런데 가장 후회하는 것도 술을 배운 거야. 일상을 즐겨본 적도, 한가한 걸 누려본 적도 없어." 나는 이 대목을 보면서 나의 아버지 세대와 내 주변 사람들이 떠올랐다. 그분들이 술을 마시며 풀어야 했던 마음의 고통이 느껴졌다. 모든 음주 행위가 꼭 나쁘지는 않지만 우리가 술을 마시는 이유가 고통의 감정에서 도망가기 위한 목적이라면, 술보다는 감정을 보살피는 전략이 필요하다.

내가 감정에 대하여 주목한 두 번째 이유는, 감정은 우리의 수많은 행동을 이끄는 동력이 되기 때문이다. 내게는 두 아들이 있는데, 그 형제가 여섯 살과 네 살이었을 때 우연히 길에서 나는 이런 말을 들었다. "지금 아이들 영어 학습지 어떤 거 하세요?" 거리에서 학습지 영업을 하는 분이 내게 그렇게 물었다. 그래서 나는 "영어 학습지요? 애들이 아직 어린걸요……" 하고 대답했더니, 그분은 다시 "세 살 정도부터 해야 되는데 이미 늦었어요"라고 말했다. 짧은 대화였지만 부모인 나는 순간 묘한 불안감을 느꼈다. 많은 부모가 나와 비슷한 느낌을 받았을 테고, 그런 불안을 느낀 부모 중 적지 않은 사람은 자녀를 위한 조기 영어 교육 학원이나 학습지를 알아보았을 것이다. 그때는 이성적인 논리보다는 감정이 앞서고, 그 감정은 우리의 행동을 결정하게 된다.

또 한 번은 수학 선생님 한 분과 대화한 적이 있다. 그분은 수험생들은 수능 시험에서 한두 문제만 틀려도 전국

등수가 많이 떨어지니까 실수하면 안 된다고 생각한다고 했다. 상황이 이러니, 학생들에게 중요한 것은 실수하지 않는 것이고, 모험은 생각조차 할 수 없다. 따라서, 학생들은 새롭고 창의적인 것에 도전하면서 좌절과 기쁨을 경험하기보다는 실수하지 않는 삶을 추구하게 되기 마련이다. 청년 세대에게 패닉 바잉panic buying과 영끌(영혼까지 끌어 모은다) 현상도 나타난다. 지금 당장 대출을 받아서라도 집을 사지 않으면 기회를 놓치게 될 거라는 불안감은 마음을 조급하게 하여 다른 정보에는 귀 기울일 여유가 없다고 재촉한다. 이 밖에도 감정이 우리의 행동과 삶에 막대한 영향을 미치는 예는 수없이 많다.

내가 감정에 대해 주목하는 세 번째 이유는, 감정은 우리의 정신 건강뿐만 아니라 신체 건강에도 밀접한 관련이 있기 때문이다. 다음 쪽의 그래프는 학생들에게 감기가 발병했을 때 일을 미루는 행동에 대한 상관관계를 나타낸 조사이다. 해야 할 일을 잘 미루는 사람들이 있다. 반면, 일을 제때에 빠르게 처리하는 사람들도 있다. 한때 나도 일을 제때 하기보다는 미루는 편이었다. 그때마다 자신에게 이런 식으로 되뇌이곤 했다. '아직 일을 시작하기엔 준비가 덜 됐어.' '아직 2주나 남았잖아.' 그런데 이런 내 마음의 다른 한 쪽에는 내 결과물에 대한 '부정적 평가'를 염려하거나, '실패에 대한 걱정'이 자리 잡고 있는 경우가 많았다. 준비가 덜 된 학기말 시험을 치르는 일이나 자신 없는 회사에 지원서를 쓰는 일처럼 말이다. 두려움을 주는 실체가 무엇인지 알든 모르든, 해내야 할 일에 대한 두려움이 있으면 미루게 된다. 그것은 자신이 두려워하는 것을 마주하지 않으려는 전략이다. 즉 그런 태도는 회피하는 전략이다.

그런데 이렇게 회피하게 되면 단기적으로는 불안감에

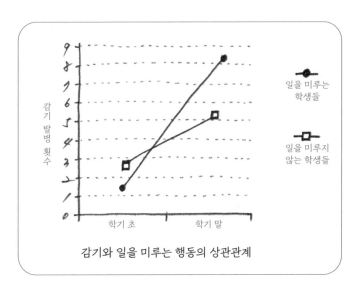

감기와 일을 미루는 행동의 상관관계

대해 고개 돌릴 수 있지만, 마음 한구석에서 숨 쉬는 불안감은 끊임없이 자신을 괴롭힌다. 앞쪽의 그래프에 나타난 조사 결과를 보면 알 수 있듯, 일을 미루는 학생들은 그렇지 않은 학생들에 비해 한 학기 동안 감기 증상에 시달리는 일이 많았다. 불안한 감정을 해결하지 않고 덮어두거나 회피로 대처하면 그 감정은 사라지지 않는다. 오히려 감정은 자신에게 계속 고통을 주고, 그러는 동안 신체 면역 체계도 함께 약해진다. 학위 논문을 쓰는 동안에는 몸이 안 아픈 사람은 거의 없다. 한 친구는 면역 체계가 약해져서 폐렴에 걸리기도 했다. 이렇듯, 자신의 감정이 자신에게 전달하는 메시지를 알아차리고 보듬지 않으면, 정신 건강뿐만 아니라 신체 건강도 위험에 처한다.

감정의 메시지에 귀 기울여야 하는 마지막 이유는 바로 감정의 고통을 줄일 수 있는 가장 효율적인 방법이기 때문이다. 자기감정을 살필 때, 직면하는 문제를 해결할 '이성'의 힘이 제대로 발휘된다. 심리학이나 뇌 과학으로 보면 감정과 이성은 서로 분리된 영역이 아니다. 그래서 감정에 귀 기울일 때 이성의 힘도 발휘한다. 그럼에도 감정이 중요하고 그것을 보듬어야 한다고 말하면 의아해하는 학생들이 적지 않다. "저는 우울증이 생긴 이후 항상 우울한데, 감정을 어떻게 더 경험하라는 거죠?" "저는 어떻게든 우울의 늪에서 빠져나오려고 생각하고, 어떻게든 제 이성으로 우울을 다스리려고 노력하고 있어요." 안타깝게도 이 경우들은 계속되는 우울함에서 생긴 슬픈 감정 등을 적극적으로 회피하고 있는 태도이다. 슬픈 감정이 상당히 고통스럽기 때문에 피하고 싶어 하는 마음은 이해한다. 하지만 자기감정을 제대로 보듬으려면 '내가 지금 슬프구나……'에서 시작해서 자기감정 상태를 살펴보기 시작해야만 고통을 줄일 수 있고, 그때 비로소 이성이 작동하게 된다. 이러한 작동 기제는 심리치료가 뇌 활동의 변화를 이끄는 원인을 분석한 여러 연구에서 밝혀져 있다.

내담자들이 내게 이렇게 말하곤 한다. "모든 감정이 필요한가요? 저는 항상 행복하면 좋겠는데요. 불안을 없앨 수는 없나요?" "저는 너무 감정적인 사람이에요. 이성적인 사람이 되고 싶습니다." 감정이란 것이 도대체 왜 필요한 건가 싶어 하는 말들이다. 하지만 모든 감정에는 다 존재의 이유가 있다. 감정은 삶을 더 풍요롭게 살도록 도와주는 열쇠이다. 그러려면 모든 감정의 문을 열어보아야 한다. 다시 말하면, '긍정적인 감정 느끼기'feeling good가 아니라, '모든 감정 느끼기'feeling everything가 되어야 한다. 독자가 긍정적인 감정이든 부정적인 감정이든 모든 다양한 자기감정을 친밀히 느끼고 살필 수 있는 능력을 갖도록 돕는 것, 그것이 이 책을 쓴 목적이다. 앞으로 그 이야기를 하나씩 해보겠다.

2
포기하지 않는 '감정'

적지 않은 사람들이 속상해도, 화나도, 근심이 생겨도, 슬퍼도, 때로는 누군가를 사랑해도 그 감정들을 숨기려 한다. 그럴수록 그 감정들은 사라지지 않고 오히려 자신을 더 괴롭힌다. 그래서 술을 마시는 사람도 많다. 술을 마시면 평소와는 다르게 수줍지도 않고, 부끄럽지도 않고, 자신감도 생기고 흥이 나서 농담도 잘하는 사람들이 있다. 나도 그랬다. 그래서 젊을 적 나는 '아, 내가 평소에도 약간 술기운 있는 상태로 살면 좋겠다'라는 생각마저 했다. 수줍음, 부끄러움, 불안함, 슬픔, 분노 등의 감정이 자신에게 없으면 좋겠다고 생각한 까닭이다. 부끄럽고, 자신 없고, 창피하고, 불안한 감정들이 자신에게 고통을 주기 때문에 최대한 없애거나 억누르고 싶어 한 것이다.

상담하는 동안 내담자에게 이런 말을 들은 적이 있다. "저는 열등감이 너무 심해요. 그래서 '무능'이라는 단어조

차 생각을 하지 않으려고 해요. 무능하다는 생각을 하면 우울의 나락으로 떨어져버려요." 이렇게 그 내담자는 우울해지지 않으려고 노력하고 '무능'이라는 낱말조차 머릿속에 떠올리지 않으려고 노력했단다. 그런데도 우울감은 절대 사라지지 않고 더 심해졌다.

흔히 사람들은 감정을 억누르면 그 감정이 없어질 거라고 생각한다. 하지만 감정을 억제하려는 노력은 오히려 정반대의 결과를 가져온다. 그것이 감정의 역설paradox이다. 다시 말하면, 억누르면 억누를수록 더욱 생생해져서 고통스러워지는 게 감정의 속성이다. 왜냐하면 감정은 자기 삶의 매우 중요한 메시지를 담고 있기에 그 메시지가 자신에게 분명히 전달되어 어떤 문제가 해결될 때까지 절대로 포기하지 않기 때문이다. 우리의 감정은 그렇게 프로그램되어 있다. 만약에 감정이 통제해야 할 대상이었다면, 인류는 적응과 생존의 과정 속에서 불편한 감정들은 배제시켰을 것이다.

다시 웹툰『미생』의 이야기를 보자. 인턴사원인 안영이의 어린 시절 장면이다.

영이: 아빠 또 이사 가?

아빠: 어, 발령이 떨어져서. 미안.

영이: 가면 얼마나 가 있을 건데?

아빠: 거긴 그렇게 오래 있진 않을 것 같다. 진급하기 전에 잠깐 들르는 곳이니까.

영이: 그럼 친구 사귀면 안 되겠다.

아빠: 왜, 친구 많이 사귀고 놀아야지.

영이: 어, 또 헤어질 거잖아.

아빠: 그래도 같이 있을 때만큼은 친구로 지내야지.

그러자 안영이가 의자 뒤로 숨는다. 그러면서 생각한다. '싫어. 헤어질 때 힘들단 말이야.' 안영이는 슬펐다. 왜 슬펐을까? 친해진 친구와 헤어지는 일이 슬펐던 것이다. 동시에 '화'의 감정도 일어났다. 새로 사귄 친구들과 번번이 헤어져야 하기 때문이다. '아빠는 왜 내 생각은 안 하는 거야!' 이런 생각이 영이를 화나게 한다. 그런데 아이러니하게도 그런 슬픔과 화의 감정은 영이에게 중요한 가치를 알려준다. 영이의 슬픔은 자신에게 친구가 소중하다는 것을 의미하며, 영이의 화는 친구와 헤어지고 싶지 않다는 것을 의

미하기 때문이다. 친구 관계는 개인의 삶에서 중요한 가치이며, 그것을 슬픔과 화의 감정이 자신에게 알려주는 것이다. 그렇게, 감정은 우리에게 메시지를 보낸다.

그러면 앞의 장면에서 영이의 아빠는 어떤 감정을 느꼈을까? 영이가 "그럼 친구 사귀면 안 되겠다"라고 말했을 때 아빠는 우선 미안함을 느꼈을 것이다. 그런데 다른 한편으론 화가 날 수도 있겠다. '영이는 왜 이렇게 자기 생각만 하는 거야? 애비는 직업상 전근 다닐 수밖에 없음에도 우리 가족을 위해 열심히 사는데 왜 알아주지 않는 거야!' 이런 생각을 하면서 화가 날 수도 있다. 그래서 아빠의 감정에는 미안함과 화가 공존한다. 그것이 양가감정이다. 양가감정은 서로 어긋나는 표상의 결합에서 오는 혼란스러운 감정이다. 그럼, 미안함은 좋은 감정이고 화는 나쁜 감정일까? 그렇지 않다. 감정 자체는 좋음과 나쁨이 따로 있지 않다. 감정은 스스로 말소리를 내는 살아 있는 생명체와 같다. 감정은 살아 있으니 없앨 수도 없고, 없애야 할 이유도 없다. 없애려 하면 할수록 완강하게 일어나는 것이 감정이다. 그러니 우리는 자기감정의 말소리를 잘 살펴 들어야 한다. 그 말소리는 자신의 상태를 나타내는 메시지이다. 영이 아빠가 미안한 감정이 생긴 것은 '딸아이의 슬픔을 해결해주지 못해 미안하다'는 메시지이며, 동시에 화나는 감정이 생긴 것은 '나도 힘들게 노력하며 살고 있는데 그 점을 딸아이가 이해해주지 않는다'는 메시지이다. 그 두 메시지는 딸과 아빠가 서로를 이해할 수 있게끔 원만히 소통해야 한다는 숙제를 품고 있는 전언일 따름이다.

이는 영이와 영이 아빠만의 일이 아니다. 많은 사람이 자기 내면의 감정이 자신에게 보내는 메시지에 귀 기울이지 않는다. 더욱이 자기 마음을 힘들게 하는 감정들—슬픔, 분노, 불안, 공포, 질투, 시기 등등—이 생겨나면 서둘러 그 감정들을 억누름으로써 감정이 보내는 메시지를 외면한다. 하지만 그런다고 감정은 절대로 포기하지 않는다. 마치 무엇인가에 불편해하는 갓난아기처럼 감정은 더 큰 소리로 계속 칭얼대고 울어댄다. 그러므로 포기하지 않는 감정을 보듬어야 한다. 감정의 말소리를 들어야 한다. 갓난아기가 배고파서 우는지, 몸에 열이 나서 우는지, 기저귀가 젖어서 우는지를 살펴야 하듯이, 감정도 친밀하게 살피고 그 메시지를 경청해야 한다. 그러고 나면, '아, 그래서 내가 이렇게 힘들구나……' 하며 알아차리게 된다. 때로는 감정의 말소리를 경청하기조차 어려울 때면, '내가 감정의 소리를 듣기도 힘든 만큼 불편한 상태구나……' 하고 느끼게 된다. 누구든 그렇게, 자주 자기감정을 만나다 보면, 점차 감정의 메시지를 더 자세히 이해하게 되어 스스로 자기감정을 보듬을 힘이 생긴다.

3
실재하는 감정의 고통

자기에게 불편한 감정이 생기면 억제하거나 회피하려는 까닭은 그 감정이 고통스럽기 때문이다. 감정은 얼마큼 고통스러울까? 슬플 때와 손을 칼날에 베였을 때의 고통이 서로 비슷할까? 사랑하는 사람이 나를 떠났을 때 느끼는 마음의 고통과 외상을 입었을 때 느끼는 몸의 고통 중에서 어느 쪽이 더 클까?

신체에 고통이 생기면 전방대상회피질anterior cingulate cortex, ACC이라는 뇌 부위가 활성화된다. 나오미 아이젠버거Naomi Eisenberger 박사와 그의 동료들은 신체적인 통증과 정신적인 통증의 관계를 연구했다. 사회적으로 거절당하는 일이 정말로 사람들에게 고통을 주는가에 관한 연구였다.

연구자들은 사회적 배제social exclusion 실험을 했다. 실험 참여자는 컴퓨터로 가상의 공 던지기 게임을 했다. 가상현실 속의 두 동료와 공평하게 공을 주고받으라는 규칙을 전달받고 게임에 임했다. 그런데 게임 도중에 갑자기 (미리 약속한) 두 사람이 규칙을 깨고 자기들끼리만 공을 갖고 놀기 시작했다. 그러자 실험 참여자 뇌의 전방대상회피질에 즉각 반응이 일어났다. 즉 신체 고통이 느껴질 때 활성화되는 뇌의 부위가 갑자기 활성화되었다. 이로써, 감정에도 신체의 고통과 유사한 고통이 나타남이 밝혀졌다.

3 실재하는 감정의 고통

이렇게 감정의 고통이 신체의 고통과 유사하다면 사랑하는 사람과 헤어져 마음이 아플 때 신체의 고통을 완화시켜 주는 진통제가 효과를 낼 수 있을까? 즉, 마음이 아플 때에도 진통제를 먹으면 통증이 완화될까? 아이젠버거 박사는 또 다른 실험을 진행했다. 연구자들은 실험 참여자들을 무작위로 두 그룹으로 나누어 한 그룹에는 2,000mg의 아세타미노핀(진통제) 알약을 주고, 다른 그룹에는 같은 모양의 플라세보(위약) 알약을 줬다. 두 그룹 모두에게 알약의 절반은 아침에 일어나서 먹게 하고, 나머지 절반은 밤에 자기 전에 복용하게 했다. 그러고는 '아픈 마음'의 정도를 보고하게 했다. 다음 쪽의 그래프가 그 결과이다. 가짜 약을 먹은 참여자들은 아픈 마음에 큰 변화가 없었다. 반면에 아세타미노핀을 복용한 참여자들은 3주 안에 '아픈 마음'이 점차 줄어들었다. 당시의 뇌를 스캔해봤더니 고통이 있을 때 활성화되는 뇌 부위인 전방대상회피질이 아세타미노핀을 복용한 참여자들에게는 덜 활성화되어 있었단다. 그 참여자들은 실제로 아픈 마음이 줄었다고 생각했으며 뇌 촬영에서도 그런 반응이 나타났다.

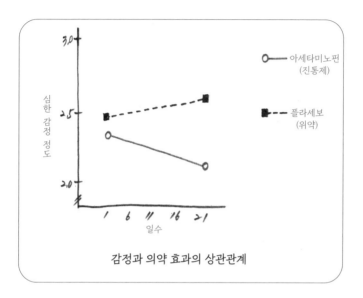

감정과 의약 효과의 상관관계

이 연구 결과가 보여주듯, 감정의 고통은 실재하는 고통이라는 것을 알 수 있다. 그러므로 감정의 고통도 신체의 고통처럼 돌봐야 한다. 우리가 느끼는 감정의 고통은 결코 가짜가 아니기에 신체가 고통스러운 만큼 실제로 아픈 것이다. 그러니 주변 사람들이 마음 아파하면 간호하는 마음으로 대해야 한다. 몸살감기를 앓고 있는 사람의 이마를 짚듯 진심으로 위로하고 응원해야 한다.

그런데 몸을 다쳤을 때 진통제만 투약해서는 제대로

치료가 안 되듯이, 마음의 고통도 진통제만으로는 마음을 제대로 치유할 수 없다. 그 치유 과정은 어느 정도의 고통을 수반한다. 하지만 흔히 우리는 감정의 고통을 잠시 회피하려고 한다. 친구들과 어울려 술을 마시기도 하고, 좋아하는 음악을 듣거나 불쑥 여행을 떠나기도 한다. 그것은 나름의 방법일 수 있다. 하지만 이런 방법들은 마음의 고통을 완화하기 위한 진통제일 따름이다.

마음의 고통이 매우 심한 사람들 중에는 자해나 자살을 생각하기에 이르기도 한다. 고통이 너무 크고 더 이상 고통을 줄일 방법을 못 찾겠다는 결론을 내리고는 죽음을 해결책으로 생각하는 것이다. 그런 내담자에게는 가끔 진통제의 일환으로 얼음주머니 연습을 권한다. 얼음주머니를 힘껏 손에 쥐고는 1분 동안 참아내는 연습이다. 얼음을 쥐고 있으면 통증이 꽤 심하다. 내담자가 1분을 참아내고 나면 순간적으로 신체의 고통과 함께 마음의 고통도 사라진다. 신체의 고통을 진정시키는 내인성 진통 효과가 마음의 고통도 함께 진정시키기 때문이다.

이처럼 감정의 고통이 클 때는 진통제 같은 대처 방안이 필요하다. 하지만 궁극적인 해결을 위해 장기적인 치료를 해야 한다. 그렇지 않으면 마치 몸을 다친 환자에게 투약한 진통제만으로는 환장의 신체 부위에 번진 염증과 상처를 낫게 할 수 없듯이, 마음의 고통이 매우 큰 분들에게는 자살의 가능성을 낮춘 다음에는 그 고통의 뿌리를 찾아서 치유해야 한다. 내담자 마음속 깊이 자리 잡은 감정의 고통을 하나하나 꺼내서 살피고 보듬고 이해시켜야 치유될 수 있는 것이다.

4
학습된 무기력
(learned helplessness)

코로나19가 장기화되면서 전 국민의 30~40%가 경도 이상
의 우울과 불안을 겪고 있다는 조사가 있다. 그중 약 20%
는 자살까지 생각해보았다고 한다. 이 조사는 코로나19 같
은 현실 속에서는 더더욱 우리가 감정의 메시지를 살피고
보듬어야 함을 나타내는 통계이다. 하지만 오늘날 청년 세
대는 좁아지는 취업 문 앞에서 각종 스펙을 쌓아야 한다는
심리적 압박을 받고 있다. 또한 국가의 방역 정책에 따라
소상공인들은 경제적 고통을 감수하고 있다. 비정규직뿐만
아니라 불안한 직장 생활을 하는 노동자도 꽤 많다. 아침에
어린아이를 어린이집에 맡기고 저녁에야 찾아오는 부모는
늘 시간에 쫓긴다. 우리 사회의 다수가 불안을 안고 살거나

정신없이 바쁘게 생활하고 있는 것이다. 그래서 사람들은 말한다. '내 감정에 주의를 기울일 여유가 어디 있느냐'고. 일리 있는 말이다. 나아가, 흔히들 각박하고 힘든 세상에서 자기감정을 살피는 게 뭐가 중요하냐고 생각하기도 한다. 문제는, 그러면서도 우리의 감정의 통증은 사라지지 않는다는 것이다. 그런데도 흔히 사람들은 감정의 고통을 그저 억제하려고 한다. 하지만 감정은 마치 점화한 가스레인지에 올려놓은 주전자와 같아서 뚜껑을 닫아놓는다고 끓는물이 식지는 않는다. 오히려 갇힌 물은 더 빨리 끓는다.

'학습된 무기력'이라는 심리학 이론이 있다. 1975년에 마틴 셀리그만Martin Seligman 박사가 정립한 이론이다. 24마리의 개가 있다. 그 개들을 A조건, B조건, C조건, 이렇게 세 가지 조건에 무작위로 8마리씩 우리cage에 가둔다. 그중 A조건과 B조건의 밑바닥에는 주기적으로 전기 충격을 가한다. 다만 A조건에는 차단 장치가 있어서 개들이 그 차단 장치를 건드리면 전기 충격이 멈춘다. 반면에, B조건에는 차단 장치가 없다. 하지만 A조건과 B조건은 서로 연결되어 있다. 그래서 A조건의 개가 차단 장치를 건드려 전기 충격을 멈추게 하면, B조건의 전기 충격도 멈춘다. A조건과 B

조건의 전기 충격의 빈도와 세기는 동일하다. 반면에, C조건에는 전기 충격이 없다.

실험을 시작했다. 24시간 동안 개들이 있는 A조건과 B조건의 우리cage에 주기적으로 전기 충격을 가했다. 물론 C조건에는 전기 충격이 없었다. 24시간 뒤에 A조건, B조건, C조건의 환경을 바꾸었다. 세 조건 모두, 밑바닥에 전기 충격 판이 깔려 있었지만, 우리cage의 한구석에는 전기가 전달되지 않는 대피 공간도 마련해놓았다. 24시간 후 바꾼 환경의 실험 결과는 이랬다. A조건에 있던 개들에게 전기 충격을 주었다. 그러자 8마리 모두 전기를 피해 대피 공간으로 이동했다. C조건의 개들에게도 전기 충격을 주었다. 전기 충격을 처음 경험한 8마리의 개들이 깜짝 놀라서 모두 대피 공간으로 이동했다. B조건의 개들은 어떻게 반응했을까. B조건에 있던 개들에게도 같은 전기 충격을 주었다. 그런데 8마리 중에서 6마리의 개들이 그냥 웅크리고 앉아서 끙끙거리기만 했다. 대피 공간이 있음에도 6마리의 개들은 그곳으로 이동하지 않은 것이다. 이 실험을 마친 연구진은 B조건에 있던 6마리 개들의 현상을 '학습된 무기력'learned helplessness이라고 이름 붙였다.

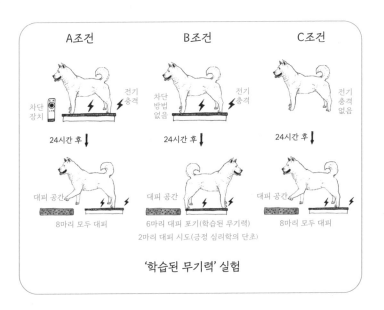

A조건　　　　　　　B조건　　　　　　　C조건

차단
장치　　　전기　　　차단　　　전기　　　　　　　전기
　　　　충격　　　방법　　　충격　　　　　　　충격
　　　　　　　　　없음　　　　　　　　　　　없음

24시간 후↓　　　　24시간 후↓　　　　24시간 후↓

대피 공간　　　　　대피 공간　　　　　　대피 공간

8마리 모두 대피　　　6마리 대피 포기(학습된 무기력)　　8마리 모두 대피
　　　　　　　　　2마리 대피 시도(긍정 심리학의 단초)

'학습된 무기력' 실험

이 실험 결과는 '환경의 영향력'을 과학적으로 보여준
다. 자연스레 인간의 사회 환경을 생각하게 해준다. 종식되
지 않을 것 같은 전염병의 현실, 취업의 좁은 문, 내 집 마
련의 아득함, 경력 단절의 불안함, 가족 간의 갈등, 만성적
인 신체 질병, 지워지지 않는 트라우마……. 예컨대 직장
을 구하는 사람에게 무직 상태는 고통이다. 그 사람은 구직
에 도움이 되는 일을 하려고 할 것이다. 그것은 고통을 주
는 전기 차단 장치를 찾는 노력과 같다. 취업에 필요한 스

펙을 쌓으려고 할 것이다. 코로나19 방역 정책으로 경제적 피해를 입은 소상공인들은 대출도 받아가며 버텨본다. 그런데 문제는 그런 차단 장치의 버튼을 눌렀음에도 전기 충격이 사라지지 않는다면, 그분들은 B조건의 상황과 유사한 경험을 할 것이다. 나름 열심히 노력해도 내가 원하는 직장에 입사하지 못하거나, 애써 노력해도 경제적 곤궁에서 벗어나지 못하거나, 굳게 마음먹어도 과거의 트라우마에서 벗어나지 못함을 느끼게 된다면, 차단 장치의 버튼을 누르는 행동을 그만두게 된다. 구직을 포기하고, 결혼을 포기하고, 사업을 포기하고, 삶을 포기하게 된다. '학습된 무기력' 상태가 되는 것이다.

'학습된 무기력'은 삶의 가치를 포기하게 하고, 감정의 고통을 무기력하게 받아들이게 만든다. 그것은 실험의 B 조건에서 (24시간 이후에는) 차단 장치의 기회를 맞았음에도 전기 충격에서 벗어나지 않은 채 주저앉아 있는 것과 유사하다. 그런다고 전기 충격의 고통이 사라지지 않지만, 체념하거나 무시한 채 무기력한 상태를 유지하는 것이다. 하지만, 우리의 감정의 고통은 문제가 해결될 때까지 사라지지 않는다. 감정은 우리에게 고통의 원인에 대하여 지속적으로 메시지를 보낸다. 그러므로, 우리는 우선 자기감정의 메시지를 경청해야 한다. 그 메시지는 무엇일까? 그것은 개개인이 놓여 있는 환경에 따라 다를 것이다. 그래도 분명한 것은 개개인의 환경마다 감정에 고통을 주는 어떤 문제가 있을 것이고, 그 문제의 원인에 감정이 보내는 메시지가 담겨 있다는 것이다. 그 문제를 해결하려면 환경에 뿌리 박혀 있는 고통의 문제를 찾아 바꾸어야 한다. 그것은 환경을 바꾸는 일이기도 하다. 환경을 아예 바꿀 수 있으면 가장 좋겠지만, 그럴 수 없다면 환경의 문제를 줄일 수 있는 방안을 적극적으로 찾아야 한다. 그 일은 환경의 문제를 합리적으로 지적하여 개선을 요구하는 활동일 수도 있고, 더 나은

합법적인 혜택을 알아보는 활동일 수도 있다.

'환경의 힘이 매우 클 수 있다'는 점을 깨닫는 방법

— 내가 잘못했기 때문에 내가 우울한 게 아니라 나의 환경 때문일
  수 있다는 점을 상기하기.
— 누구나 이런 환경에서는 우울할 수 있다는 점을 이해하기.
— 환경을 바꿀 수 있는 대안이 있는지 알아보기.
— 변화하는 과정에서 때로는 어느 정도의 수용이 필요할 수 있다
  는 것을 이해하기.

'환경 바꾸기' 예시

상황	건강한 환경 만들기
가족 구성원들이 자주 싸우는 환경	• 가족 구성원들에게 도움 요청 • 이사 • (환경을 못 바꿀 경우) 산책 나가기
남편의 지원 없이 갓난아기를 키우는 여성	• 남편에게 지원 요청 • 지원받을 수 있는 가족 찾기
직장 내 언어폭력이나 감정적 학대	• 적극적 항변 • 신고 • 이직

감정의 고통 문제를 앞의 실험으로 생각해보자. A조건이든 B조건이든 전기 충격의 고통은 있다. 하지만 두 조건에는 큰 차이가 있다. 그것은 스스로 전기 차단 장치의 버튼을 누를 수 있느냐, 그럴 수 없느냐이다. 비유하면, 전기 충격은 척박한 환경이고, 그 충격의 반응은 감정의 메시지이며, 차단 장치는 감정 조절 전략이다. 자신에게 전기 충격이 있기에 자기감정은 자기에게 메시지를 보낸다. 그런데 그 충격의 메시지를 무시하거나 억누르는 전략으로는 환경을 개선시킬 수 없다. 그 충격의 메시지를 경청할 때 문제의 원인을 찾을 수 있다. 자기감정은 메시지를 보낸다. '지금 위험해. 빨리 너를 보호해!'라고. A조건에 있던 개들은 그 메시지를 알아차려 전기 충격이 있을 때마다 그 고통에서 벗어났다. 하지만 B조건에 있던 개들은 그러지 못했다. 우리도 그렇다. 고통스러운 자기감정의 메시지를 경청하지 않으면 '내게는 탈출할 방법이 없어. 나는 환경을 바꿀 능력이 없어'라고 자조하며 불안과 두려움과 불쾌의 감정을 그저 묻어버린다. 그렇게 털썩 주저앉아 버린다. 감정은 피한다고 피해지지 않는다. 감정은 그림자와 같아서, 삶이라는 빛이 있는 한 '나'의 그림자가 되어 나를 따라다닌다.

5
감정을 지배하는 '학습이론'

사람들이 감정을 회피하는 또 다른 이유를 밝힌 두 심리학 이론이 있다. 하나는 '학습이론'이고, 다른 하나는 '인지발달이론'이다. 이 장에서는 '학습이론'을, 다음 장에서는 '인지발달이론'을 살펴보겠다. '학습이론'에는 대표적으로 '고전적 조건형성 이론'과 '조작적 조건형성 이론'이 있다. 먼저 '고전적 조건형성 이론'부터 살펴보겠다.

1번 그림을 보자. 그림 속의 개가 배고픈 상태라고 가정하자. 개는 사료를 보고는 침을 흘린다. 그 사료를 '무조건 자극'이라고 한다. 아무런 조건을 두지 않은 상태에서 개에게 제공되는 자극이다. 이때 개가 침을 흘리는 건 '무조건 반응'이라고 한다. 개가 배고파서 저절로 침을 흘리는 것이

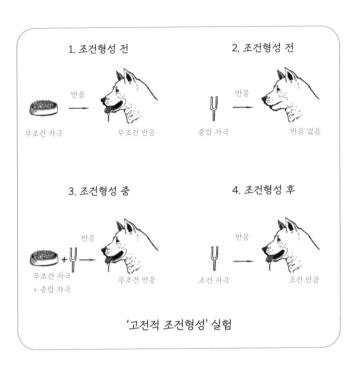

'고전적 조건형성' 실험

다. 2번 그림에는 소리굽쇠가 있다. 소리굽쇠를 치면 소리가 난다. 개 앞에서 소리굽쇠의 소리를 내면 어떻게 될까? 침을 흘릴까? 아니다. 그 상태에서의 소리를 '중립자극'이라고 한다. 그런데 3번 그림에서는 소리굽쇠의 소리를 내면서 개에게 사료를 준다. 이 규칙을 반복한다. 그러면 얼마 후에는 소리굽쇠 소리만 들려도 개는 침을 흘린다. 이 상황을 '조건이 형성되었다'고 한다. '중립자극'이었던 소리굽쇠 소리가 침을 흘리는 반응을 나타내는 '조건자극'이 된 것이다. 이러한 학습 원리를 '고전적 조건형성'이라고 한다.

사람은 어떨까? 아기가 배고플 때 따뜻한 우유를 주면 아기는 만족해한다. 낯선 사람이 아기에게 따뜻한 우유를 준다. 그는 우유를 줄 때마다 아기를 포근히 안아준다. 그 일이 반복되면 아기는 그 사람을 보면 마음이 편안해진다. 성인도 마찬가지이다. 규칙적으로 아침 식사를 하는 사람은 아침 햇살을 보면 식욕이 생긴다. 아침 식사는 천성이 아니라 반복된 학습이다.

두 번째 '학습이론'인 '조작적 조건형성 이론'은 이렇다. B. F. 스키너Burrhus Frederic Skinner 박사가 실험을 했다. 쥐가 어떤 레버를 눌렀는데 사료가 나온다. 쥐는 레버를 누르면 사료가 나온다는 것을 아직은 모른다. 그 쥐가 우연히 또 레버를 건드렸는데 사료가 나온다. 이 일이 반복되면 그 쥐도 그 인과관계를 알게 된다. 그 후 그 쥐는 레버를 계속 누른다.

사람은 어떨까? 아기에게 까꿍 놀이를 하면 아기가 까르르 웃는다. 까르르 웃는 아기의 행동은 부모에게 행복감을 준다. 아기의 웃음소리를 듣고 싶을 때마다 부모는 까꿍놀이를 하게 된다. 그런가 하면, 어린아이가 마트에서 장난감을 사 달라며 바닥에 드러눕는 경우가 있다. 아이의 울음소리에 난처해진 부모는 아이를 달래려고 마지못해 장난감을 사 주곤 한다. 그러면 아이는 울음을 그친다. 부모로서는 장난감을 사 주는 행동이 아이의 울음을 멈추게 하는 보상이기에 나중에도 장난감을 사 줄 가능성이 높아진다. 아이로서는 자신이 울면 보상이 온다는 걸 알게 되기에 원하는 장난감을 발견하면 울면서 떼를 쓸 가능성이 높아진다. 성인도 마찬가지이다. 치과에 가서 신경 치료를 받으면 고통스러워서 진료를 미루거나 회피하는 환자가 적지 않다. 그분들은 나중에 후회할지라도 당장은 치과에 가지 않는 것을 선택한다. 그때의 안도감은 치과 진료를 미루는 행동을 강화한다. 또 누군가는 사람들이 많이 모이는 자리가 불편할 것 같아서 모임에 참석하지 않는다. 불편한 상황을 피함으로써 안도감이 생기기에 모임 자리를 피하는 행동을 강화한다. 이처럼, 어떤 행동을 해서 안도감이 강화되면 그 행동이 잦아지고, 어떤 행동을 했는데 처벌을 받으면 그 행동이 줄어드는 것을 나타내는 '학습이론'이 '조작적 조건형성'이다. 이 '학습이론'의 원리는 인간의 행동을 이해하는 데 큰 도움이 된다.

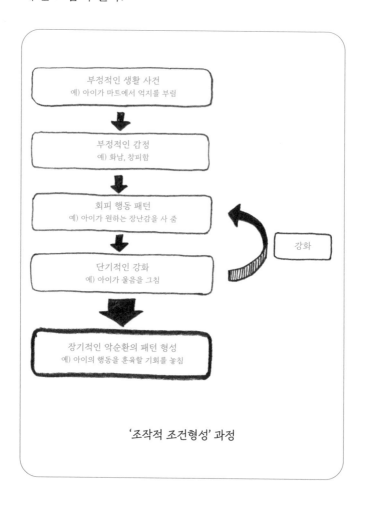

'조작적 조건형성' 과정

강화와 처벌의 종류

'강화'는 행동을 증가시키는 데 사용되고, '처벌'은 행동을 감소시키는 데 사용된다. 예컨대, 아이가 인사할 때마다 사탕을 주어 아이의 인사하는 행동이 증가한다면, 이때 사탕은 '강화'가 된다. 반대로 아이가 울 때마다 엄마가 화난 표정을 지어 보여 아이가 우는 행동이 줄어든다면, 화난 표정은 '처벌'이 된다. 강화와 처벌은 각각 정(正)적인 것과 부(不)적인 것으로 구분된다. 여기에서 정적인 것은 무언가를 제공한다는 의미이고, 부적인 것은 무언가를 빼앗는다는 의미이다.

위의 원리를 적용해보면, 정적 강화는 행동을 '증가'시키기 위해 무언가를 제공하는 것을 의미한다(예: 인사하는 행동을 증가시키기 위해 인사할 때 제공하는 사탕). 부적 강화는 행동을 '증가'시키기 위해 무언가를 빼앗는 것이다. 이때 행동을 증가시키기 위해 빼앗는 무언가는 부정적인 것이어야 한다(예: 인사하는 행동을 증가시키기 위해 인사할 때 벌점을 빼 주는 것).

정적 처벌은 행동을 '감소'시키기 위해 무언가를 제공하는 것이다(예: 아이가 우는 행동을 감소시키기 위해 울 때 화난 표정을 보이는 것). 부적 처벌은 행동을 '감소'시키기 위해 무언가를 빼앗는 것이다. 이때 행동을 감소시키기 위해서는 빼앗는 무엇인가는 긍정적인 것이어야 한다(예: 아이가 우는 행동을 감소시키기 위해 울 때 장난감을 빼앗는 것).

우리에게 친숙한 정적 강화와 정적 처벌 외에도 부적 강화와 부적 처벌은 우리 사회에 널리 적용되는 매우 강력한 기제이다. 부적 강화의 예로는, 학교에 지각하지 않으면 화장실 청소를 제외시켜주는 일, 과태료를 미리 내면 과태료의 10~20% 정도를 감면해주는 정책 등이 있다. 부적 처벌의 예로는, 학교에서 규칙을 위반하면 매점 이용 권한을 빼앗는 일, 핸드폰 요금을 제때 내지 않으면 모든 서비스 혜택을 제한하는 방침 등이 있다.

강화와 처벌의 종류

구분	+ (더한다)	- (뺀다)
행동 증가	정적 강화	부적 강화
행동 감소	정적 처벌	부적 처벌

치과 진료를 피하거나 불편한 모임에 참석하지 않으면 일시적인 안도감이 든다. 하지만, 걱정이 사라지는 것은 아니다. '잇몸이 더 나빠지면 어쩌지?' '내가 외톨이가 되면 어쩌지?' 하는 걱정이 든다. 당장은 불편한 마음이 들어 치과와 모임을 회피했지만 불안감, 외로움, 울적함이라는 감정이 밀려든다. 그래서 모임에 참여한 친구한테 전화했더니 안 받거나, 그 친구는 모임에서 즐거워하는 것을 알게 되면 기분은 더욱 울적해진다. 그러면서, '나만 이런가?' '나만 외톨이인가?' 이런 걱정으로 이어진다. 그리고 내가 모임에 참석하지 않았는데도 나를 걱정하지도, 나를 찾지도 않는 사람들에 대해서 '사람들은 나를 원치 않아!'라는 식으로 결론 내린다. 그러고 나면, '나'는 이후로도 모임 자리를 회피하게 된다.

이런 상황에 '조작적 조건형성'의 원리가 작용하고 있다. 불편한 자기감정을 회피하는 것이 당장은 안도감을 주기 때문에 그것을 선택하지만, 그 선택은 장기적으로는 자신을 더욱 힘들게 한다. '조작적 조건형성'은 우리가 감정을 처리하느냐 마느냐를 결정하는 데 큰 역할을 한다. 불편한 감정을 회피하는 데는 반드시 어떤 강화물이 있다. 그 강화

물은 강력하다. 예컨대, "너무 우울해요"라고 호소하는 사람에게 "도망 다니지 말고 극복해보세요. 행복해지려고 더 노력해보세요." 이렇게 말하면 설득되지 않는다. 오히려 우울해하는 그분은 자신의 처지와 자기감정의 상태를 이해하지 못한 섣부른 조언에 화가 난다. 조언한 사람은 그분이 처한 환경에서 어떤 처벌과 어떤 강화가 있었는지를 전혀 모르고 있기 때문이다.

어린 시절에 나는 아버지가 운전하실 때면 항상 트로트 음악을 틀어놓아서 한동안 트로트 음악만 들으면 멀미가 났다. 이런 현상은 '고전적 조건형성'에 해당한다. 만약 트로트 음악을 듣는 동안 교통사고가 났다면, 이후로는 오랫동안 승차하지 못할뿐더러 트로트 음악만 들어도 불안해졌을 것이다. 따라서, 트로트 음악을 피하게 되었을 테고, 가능한 한 전동열차를 이용하게 되었을 것이다. 그랬다면, 내가 회피한 것은 트로트 음악과 자동차였겠지만, 사실은 그 대상은 불안과 두려움이라는 자기감정이었을 것이다.

이런 사례도 있다. 어떤 분이 어렸을 때, 아버지와 어머니가 심하게 다투었다. 화가 난 아버지가 분노를 참지 못해 집에 불을 질렀다. 아끼던 고양이가 그만 그 화재에 죽었고, 어린이였던 내담자는 큰 충격을 받고 여러 날 자주 울었다. 그러면 아버지가 "울면 재수 없어진다"라며 야단쳤다. 그래도 그 어린이는 울음을 그칠 수 없었다. 그러자 아버지가 말했다. "네가 자꾸 그러니까 고양이도 죽은 거야!" 그날 이후 그 내담자는 고양이를 키우지 못했고, 이성과의 교제도 피했으며, 울고 나면 죄책감에 휩싸여서 자신을 비난했단다. 그 내담자에게 고통스러운 감정은 (아버지를 향한) 분노, (고양이를 상실한) 슬픔, (영영 아버지의 사랑을 받지 못할 거라는, 심지어 재수 없는 사람이 될 것이라는) 두려움이었던 것이다. 하지만 내담자는 이러한 감정들이 솟구칠 때마다 일시적으로 회피하면서 다른 위안들을 찾았다. 그런 태도가 반복되면서 그 내담자는 뿌리 깊은 그 고통의 감정들을 적극적으로 회피하였다. 결국, 자기감정이 자신에게 전하는 생존의 메시지를 보듬을 기회를 잃고 말았다. 훗날, 다행히 이 내담자는 심리 상담을 통해 자기감정을 보듬을 기회를 다시 찾았다. 흔히 사람들에게는 회피하는 대상이나 사건이 있다. 그 대상과 사건은 사람마다 제각각이다. 그러나 분명한 것은 그 대상과 사건이야말로 자신이 자신의 중요한 감정의 메시지에 다가설 수 있는 단서

나 시작점이라는 것이다.

이렇듯, 감정은 생존과 적응에 도움이 되는 메시지를 제공한다. 우리가 자기감정을 억누르려고 하는 것도 일종의 대처 전략인 셈이다. 고양이를 피하는 것, 자동차를 피하는 것, 이성과의 교제를 피하는 것 모두가 자신이 살아내려고 했던 행동이다. 그러니, 자기감정을 억누르고 있다는 것을 스스로 알아차리면, 자신을 비난할 것이 아니라 그 억누름의 까닭을 살피고 이해하는 것이 필요하다. 누구나 자기 삶에서 다양한 조건형성, 강화, 처벌이 있었을 것이다. 제각각의 상황에서 그럴 수밖에 없었던 자신의 선택을 우선 이해하는 것이 필요하다. 그 과정에서 내가 회피하거나

나를 위한, 감정의 심리학

억누르고 있는 감정이 무엇인지, 그리고 자기감정을 억누르지 않았을 때 어떤 일이 일어나는지 경험할 기회를 얻게 된다.

6
'스키마'는 마음의 안경

아이가 웃으면 부모가 아이를 안아주고 뽀뽀도 해주고 사랑스러운 스킨십도 해준다. 그런데 술에 취해 들어온 아빠가 웃는 아이에게 까닭 없이 화를 내면 어떻게 될까? 아이는 자기가 울면 "왜 그래, 무슨 일 있니?" 하면서 달래줄 줄 알았는데, 갑자기 "이 녀석이 어디서 울어!" 하면서 화를 내는 부모를 마주하면 아이의 마음은 어떨까? 시험 성적이 오른 날, 부모에게 자랑스레 말했더니 칭찬은커녕 "방심하지 말고 기말고사에선 더 잘하면 되겠네"라는 말을 들으면 기분이 어떨까? 이런 환경이 자녀를 무기력하게 만들고 인간관계에 대한 혼란마저 준다.

장 피아제Jean Piaget 박사는 관찰력이 뛰어난 심리학자였다. 그래서 어린이들을 관찰하여 얻은 데이터와 심리학 실험 결과들을 기반으로 그 유명한 '인지발달이론'을 발전시켰다. 피아제 박사의 이론에는 세 가지 개념이 있다. 스키마schema, 동화assimilation, 조절accommodation이 그것이다. '스키마'는 사람들이 세상을 보는 창, 혹은 심리적 주물(呪物)을 가리킨다. 그래서 사람들에게는 자신에 대한 스키마도 있고, 미래에 대한 스키마도 있고, 세상과 타인에 대한 스키마도 있다. 평온한 가정에서 자라는 아기에게는 자신의 엄마와 아빠가 자신에게 사랑을 주고, 항상 자기 곁에 있어주면서, 자신이 필요한 걸 채워주는 존재라는 스키마가 있다. 그 아기가 성장하면서 부모의 사랑을 통해 '나는 그럴 만한 가치가 있는 사람이구나' '세상은 믿을 만하구나'라는 스키마를 가질 수 있다.

아이들이 스키마를 형성하고 나면, 주변 상황을 스키마에 맞추어 이해한다. 예컨대, 아기가 처음에 네발 달린 동물을 강아지라고 인식하면, 그 후에 네발 달린 모든 동물을 강아지라고 여긴다. 남자처럼 생긴 건 모두 아빠가 되고, 여자는 전부 엄마로 인식하게 된다. 이렇게 새로운 경험을 기존의 스키마에 맞춰 해석하는 것을 '동화'assimilation

라고 한다. 그런데, 아이들은 성장하면서 세상을 조금 더 분화할 수 있게 된다. 어떤 아이는 어린 치와와를 보고는 "강아지 같다"라고 말한다. 그래서 "얘는 강아지야"라고 말해줬더니 "쥐 아니야?"라고 대꾸한다. 그 아이에게 개는 어린 치와와보다 더 큰 동물이고, 쥐는 작고 네발 달리고 꼬리가 긴 동물인 것이다. 그래서 새끼 치와와를 쥐라고 생각한 것이다. 이런 식으로 아이들은 세상을 분화해서 바라보게 된다. 남자인데 아빠가 아닌 사람이 있구나, 하고 말이다. 이렇게 스키마를 정교화해 가는 과정을 '조절'accommodation이라고 한다.

아기는 내가 울면 엄마가 우유도 주고 안아도 주는 것을 경험하면서 세상은 따뜻하구나, 믿을 만하구나, 하는 스키마를 가지고 있다가 어느 날 그 스키마에 맞지 않는 상황을 마주하면 혼란스러워한다. 내가 울었는데 안아주지 않고 혼내거나 방치하는 일이 잦아지면 아이는 스키마를 조절한다. 세상은 믿을 만하다는 스키마로는 상황을 이해할수 없기 때문이다. 그런 경우, 처음에는 화가 나지만 스키마를 바꾸면 그렇지 않게 된다. 즉 처음에는 "왜 때려요!" 하면서 울겠지만, 그 일이 반복되면 '나는 맞을 만한 존재야'라는 식으로 스키마를 바꾸고, '역시 나대는 게 아니었어' 하는 식으로 자기 행동을 수정하게 되고, 화내는 대신 그저 자책하고 슬퍼한다. 이런 과정은 주로 3세에서 7세 사이에 일어나므로 스키마는 아주 어린 시절부터 조절된다.

'스키마'란 무엇인가

'스키마'란 마음의 눈에 쓰는 안경이다. 우리가 세상을 눈으로 보고 이해하고 경험하듯이, 우리는 감정의 세계를 우리의 스키마를 통해 보고 경험하고 이해한다. 그런데 시력에 맞지 않는 안경을 착용하면 눈 건강이 나빠지듯이, 잘못된 스키마를 착용한 채 살아가면 마음의 건강이 나빠진다.

그럼, 사람들은 왜 잘못된 스키마를 착용한 채 살아갈까? 그것은 아이러니하게도 주어진 환경에 최선을 다한 결과로 잘못된 스키마를 착용한 것이다. 예컨대, 어두운 동굴 속에서 살아야 했던 사람이 있다고 가정하자. 그는 어둠 속에서도 앞을 보기 위해 빛에 민감한 안경(스키마)을 착용하고 살아야 했다. 그런데 어느 날 그가 그 안경을 쓴 채로 한낮에 바깥으로 나간다면 어떻게 될까? 그는 눈이 부셔서 앞을 제대로 볼 수 없을 것이다. 어두운 환경이었기에 빛에 민감한 안경을 썼었지만, 그 결과, 밝은 곳에서는 제대로 볼 수 없었던 것이다.

이렇게 스키마를 안경에 비유했지만, 현실에서 스키마는 다른 안경으로 쉽게 바꿀 수 없다. 어두운 곳에 오래 있다가 밝은 곳으로 나갔을 때 눈을 뜰 수 없는 것처럼, 스키마가 변화하는 과정도 점진적이다.

또한 밝은 빛에 적응할 때 눈이 고통스러운 것처럼, 스키마가 변화하는 과정에는 고통이 따른다. 그렇지만 우리가 시력과 환경에 맞지 않는 안경을 계속 착용하고 살아가면 안 되듯이, 고통이 따라도 스키마는 반드시 교정을 해줘야 한다.

　　앞 장에서 얘기했던, 자기감정을 회피하는 대처 전략이 옳은 것처럼 느껴지는 이유는 바로 스키마 때문이다. 어색하고 불편할 것 같아서 모임에 참여하지 않으면 안도감이 생기는 동시에 '갈걸 그랬나? 나 외로운데……' 하는 생각도 한다. 하지만 그러다가도 '아무도 나를 찾지 않아' '나는 인기가 없어'라는 식의 스키마를 가지게 되면 모임에 나가지 않은 선택이 결국은 옳았다고 생각하게 되는 것이다.

미셸 공드리 감독의 <이터널 선샤인>Eternal Sunshine이 라는 멜로 영화가 있다. 남자 주인공 조엘과 여자 주인공 클레멘타인은 서로 사랑하는 사이였다. 그런데 두 사람에 게 고통이 시작된다. 클레멘타인은 아이를 낳아 기르고 싶 어 했지만 조엘은 클레멘타인에게 말한다. "너는 아이를 (제대로) 못 키울 거야." 이 장면에서 클레멘타인은 분노하 면서도 크게 낙담한다. 클레멘타인의 스키마가 작동했을 것이다. 그 스키마를 상상해본다. '나는 엄마가 될 만큼 성 숙한 존재가 아니며, 내 아이에게 전적으로 사랑을 줄 수 있는 존재가 아니다'라는 스키마가 활성화된다. 혹은 '나는 엄마가 될 만큼 사랑받을 수 있는 존재가 아니다'라는 스키 마가 형성된다. 그 점을 내가 사랑하는 사람이 확인해준 셈 이니 말이다.

남자 주인공 조엘도 마찬가지이다. 조엘은 '누구든 나 를 끝까지 사랑해줄 만큼 나는 그렇게 매력적인 존재가 아 니다'라는 스키마를 가졌다. 그래서 자신을 떠날 것 같은 클레멘타인에게 먼저 모진 말을 한 것이다. 즉 클레멘타인 은 자신의 부정적인 스키마를 활성화하기 전에 자신이 먼 저 거절한 것이다. 하지만 이런 과정에서 감정은 왜곡 없이

나를 위한, 감정의 심리학

자신에게 내면의 요구를 전달한다. 이처럼, 불안에서 비롯한 슬픈 감정은 우리에게 스키마를 살피고 수정하라고 계속 메시지를 전한다. 안타깝게도 이런 상황에서 나에 대해, 타인에 대해, 그리고 세상에 대해 부정적인 스키마가 활성화되면 우리는 그 감정을 외면한 채 일시적인 고통을 경감하는 방법(예컨대, 술을 마시거나 기억을 지우려는 노력)을 선택하곤 한다.

　우리가 스키마를 조절하고 그것을 통해 세상을 이해하는 것은 환경에 적응하고 생존하려는 노력의 일환이다. 그저 한번 스키마를 바꿔보려는 것이 아니라 살기 위한 조절 행위이다. 그것은 '동화'와 '조절'의 역설이기도 하다. 힘든 환경 속에서 생존하고 적응하려고 스키마를 조절하고 동화했는데, 현재 다른 환경에서는 그 스키마가 다른 중요한 사람들과 관계를 맺는 데 오히려 방해가 될 수 있기 때문이다. 예컨대, 아동 학대처럼 외상을 주는 환경에서 보살핌을 받지 못하면 '조절'과 '동화'가 잘못 일어나게 된다. 혼자 고민하다가 왜곡된 스키마를 만들어내게 되는 것이다. 문제는 그런데도 스스로는 그것이 애착을 형성할 수 있는 최상의 방법이라고 믿는다는 것이다. 결국 생존하고 적응하기 위해 만들어낸 스키마가 생존과 적응을 방해하게 된다. 엄마한테 관심을 끌려고 이것저것 해보다가, 내가 심하게 다치면 엄마가 나한테 잘해주더라, 하는 생각을 갖게 되고, 내가 건강할 때는 관심의 대상이 아니니 결함이 있어야 한다는 생각을 갖게 된다. 하지만 그렇게 형성된 스키마는 성인이 되어서도 주변 사람들을 곤란하게 만든다. 애초에 애착을 형성하려는 의도와는 달리 사람들과 멀어지게 만든다.

이런 상담 사례가 있다. 30대 커리어 우먼이 상담실을 방문했다. 이 내담자의 불만은 자신이 지나치게 일을 미룬다는 것이었다. 처음에는 계획을 멋지게 세우지만 정작

계획을 실행하지 못한다고 했다. 그런 자신에게 진절머리가 나고, 나락으로 떨어진 것 같고, 인생의 실패자인 것 같다고 했다. 또 그분은 자기감정을 불편하게 여겼다. 대화를 하다가 눈물이 나면 "내가 정말 왜 이러는지 모르겠어요. 죄송해요" 하면서 거듭 사과했다. 얘기를 좀 더 들어봤더니, 그분의 아빠가 군인이었는데 어릴 때 이사를 자주 다녔다고 했다. 그래서 엄마는 직장 생활을 포기했단다. 그런데 엄마한테는 젊은 시절에 많은 곳을 여행하고 싶은 꿈이 있었단다. 엄마는 남편의 직업상 지방이나 때로는 해외로도 발령이 날 수 있어서 결혼하면 자기의 꿈을 실현할수 있겠다고 생각했단다. 그런데 막상 이사를 자주 다니다보니 기대했던 여행과 이주에 대한 로망과는 거리가 멀어서 엄마도 많이 지쳤다고 했다. 내담자 역시 무척 속상했단다. 친구를 사귈 만하면 이사를 가니 그때마다 짜증났단다. 그런데 그 짜증의 이유가 엄마였단다. 어렸던 그분이 엄마한테 "나 이사 가는 거 좀 그래. 친구들 이제 막 사귀었는데……"라고 말하면 엄마는 혼을 냈단다. "학비며 용돈, 부족하지 않게 주는데 너는 왜 항상 불평만 하는 거야, 너만 생각하니? 지금 너만 힘들어? 우리가 다 힘든데. 그런 거 정도는 너도 감당을 해야지"라며 "나는 더 힘들어. 너네 아빠 때문에 나는 직장도 포기하고 평생 뒤치다꺼리나 하고 있어. 우울해 죽겠어"라고 말했단다. 그런 말을 들을 때마다 그분은 생각했단다. '엄마는 본인이 선택한 결과지만, 나는 내가 선택한 게 아닌데' 하며 속상해했단다.

그분의 말을 듣고, "엄마에게 화난 이유가 무엇일까요?"라고 물어보았다. 그랬더니 이사를 결정하기 전에 딸의 기분이나 의사는 한 번도 물어보지 않았기 때문이라고 대답했다. 내담자는 자신의 의견이 존중받지 못했다고 생각한 것이다. 엄마는 본인 감정을 표현하면서 자식의 감정은 전혀 고려하지 않았다는 것이다. 그래서 내담자는 자신의 감정이 존중받지 못한다는 생각에 번번이 화가 났지만, 동시에 그 일이 반복되면서 자신의 감정이 하찮다는 믿음도 갖게 되었다. 모녀의 갈등은 지속되었고 결국 내담자는 청소년기에 가출함으로써 부모에게 화를 표현했단다. 두세 달쯤 집을 나와서 막 살아보자고 생각했단다. 가출하여 비뚤어진 청소년들이 할 수 있는 비행을 많이 저질렀단다. 그러다가 덜컥 임신을 하였고 낙태했다. 내담자는 당시의 방황 경험을 무척 수치스럽게 생각하고 있었다. 그분은 가

출로써 자신을 표현했다. 그 심리는 '내가 원하는 것을 해주지 않았으니 당신들(부모)에게 고통을 주겠다'였다. 하지만 그 위험한 행동은 또 다른 고통의 결과를 낳았다. 결국 내담자는 '내 의견은 역시 표출하면 안 되는구나' '나의 (화나는) 감정은 틀린 거였구나' 하고 생각하게 되었다. 그 후 그분은 '내 감정은 중요하지 않다' '내 생각은 중요하지 않다'라는 믿음의 스키마를 갖게 되었다.

내담자는 지금은 동거하는 남자친구가 있지만 서로 결혼 얘기를 꺼내지 않는다고 말했다. 내담자는 남자친구와 결혼하고 싶어 하는데, 남자친구가 먼저 결혼 얘기를 꺼내지 않아서 속상하다고 했다. 그런데도 그 속상한 감정을 표현할 수가 없다고 했다. 남자친구에게 자기감정을 표현할 수 없을뿐더러, 그 감정 자체가 계속 창피하게 느껴질 따름이라고 말했다.

그 내담자를 처음 만났을 때 그분은 '나는 미루는 습관이 너무 싫다, 계획을 세우고 마무리를 못 하는 내 자신이 너무 싫다'고 했다. 그런데 대화를 하다 보니 그분은 자기 목소리를 내야 할 때 표현을 못 하고 있던 사람이었다. 자신의 의견과 감정이 하찮다고 여겼기 때문이다. 그러니까 그분의 계획도 자기가 희망하는 뜻에 따른 것이 아니라 항상 누군가에게 떠밀려 세우게 될 때가 많았고, 그럴 때마다 늘 좋지 않은 느낌을 받았던 것이다. 감정은 계속해서 우리에게 말한다. '너는 그거 좋아하지 않아. 너 그거 싫어해.' 하지만 그분은 그 감정을 억누르고 억누르다가 결국 행동하지 못한 것이다. 그래서 계획한 일을 실행하지 못했고, 남자친구에게도 자신의 의견과 감정을 얘기하지 못했으며, 이러지도 저러지도 못하는 삶의 덫에 묶여 있었다.

내가 가지고 있는 스키마가 이러한 삶의 덫을 만들고 있다고 해도, 나를 비난하기보다는 그것이 '내가 주어진 환경에서 최선을 다한 결과로 만든 것'이라는 마음으로 자기감정을 살피기 시작하면 좋겠다. 스키마를 형성하는 과정의 우리는 어렸고, 능력과 통제력이 약했으며, 제각각의 상황에서 나름 최선을 다해 살아온 결과로서 스키마가 형성되었기 때문이다. 그럼, 스키마를 바꾸기 위해 성인인 우리는 무엇을 할 수 있을까? 심리학자로서 나는 바로 '감정'에서 그 해답의 단서들을 찾을 수 있다고 말할 수 있다. 즉 감정은 끊임없이 우리에게 스키마를 발견하고 바꿀 수 있는 단서와 방향을 제시한다. 이 책의 후반부에서 자기감정을 보듬음으로써 우리의 스키마를 바꾸어낼 방안들에 대해 소개하겠다.

나의 스키마 찾기

(앞에서 제시한 30대 여성의 예)

(부정적/고통스런) 감정을 불러일으킬 만한 상황을 찾아본다.
— 동거하는 남자친구가 설거지를 해 놓지 않고 외출함.

위 상황에서 느낄 만한 감정은 무엇인가?
— 화, 우울.

위의 상황에서 스쳤던 생각은 무엇인가?
— 남자친구는 나를 배려하지 않는다, 나를 무시한다, 나를 사랑하지 않는다.

위에 기술한 생각은 나에게 (나에 대해, 타인에 대해, 세상에 대해, 미래에 대해, 감정에 대해) 무엇을 의미하나? 왜 그러한 생각이 나를 힘들게 할까?
— 나는 배려를 받을 만하지 않다.
— 세상에 믿을 남자는 없다.

7
'애착'은 감정의 본질

이 장에서는 '애착'에 대해 살펴보겠다. 존 볼비John Bowlby는 '애착이론'Attachment Theory의 아버지라고 불리는 영국의 정신분석가이다. 볼비 박사는 아이들이 자신에게 도움이 되거나 도움이 되지 않는 스키마를 어떻게 형성하는지, 그 과정에서 어떤 일이 일어나는지를 연구했다. 볼비 박사가 이연구를 하게 된 이유도 자신의 애착 경험에서 비롯했다.

볼비 박사는 영국의 상류층 가정에서 태어났다. 그의부모는 여섯 명의 자녀를 두었고, 볼비 박사는 그중 넷째였다. 그런 볼비 박사는 어린 시절에 아버지와 떨어져 지내야 했다. 볼비 박사는 제1차 세계대전 때 어린이였는데, 당시에 의사였던 아버지가 자주 진료 출장을 가야 했다. 그리고 당시 영국의 엄마들은 자녀와 많은 시간을 보내거나 아이들에게 너무 많은 애정을 주면 아이를 망친다고 생각했다. 그래서 학식 있는 계층의 엄마들은 하루에 차를 마시는 시간에만 한 시간 정도 자녀를 만났다고 한다. 그래서 아이들은 대부분의 시간을 보모와 함께 지냈다. 볼비 박사의 유년기도 마찬가지였다. 어린 볼비와 그의 형제자매는 보모인 미미가 정성스레 길렀다고 한다. 훗날, 볼비 박사와 그의 형제자매는 자신들이 어린 시절에 미미 보모와 함께했던 것이 상당한 축복이었다고 회고한다. 볼비 박사도 미미를 좋아했다. 미미는 이들을 친자식처럼 따뜻하게 대했다. 그래서 볼비의 형제자매와 미미 사이에 애착이 잘 형성되었다. 그런데 이후 볼비는 일곱 살 때 기숙학교로 진학해야 했다. 이때 볼비는 자신을 기숙학교로 보낸 부모에게 상당한 분노를 느낀다. 볼비 박사는 자신의 기억에 그 일이 자신에게 가장 비극적인 일이었다고 회고한다. 어린 시절에 자신에게 중요한 사람들과 분리되는 일은 상당히 힘든 경험이다. 볼비 박사는 애착 대상과의 분리 경험이 너무 힘들었다고 한다.

이처럼 '애착'이란 자신에게 중요한 사람과의 '관계'를 형성하는 것이다. 누군가와 인간관계를 형성할 수 있는 능력은 인간이 생존하는 데 가장 중요한 요소이다. 아기들은 어떤 사람과 애착을 형성할까? 정신분석학에 따르면, 어린 시절에는 '구강기'가 있는데, 이 시기에 아기는 자기 손을 빨거나 모유를 먹으면서 입을 통해 만족 욕구를 충족한다고 한다. 따뜻한 분유 젖병을 아기 입에 물려주어도 마찬가지이다. 따라서, 아기가 그 경험을 제공하는 사람에게 애착을 형성하는 건 당연하다. 이것은 앞서 5장에서 '학습이론'을 살펴봤듯이, 음식이나 안락함 같은 보상을 받으면 긍정적인 감정이 생기는 것과도 연관된 심리이다. 이러한 결합이 생기려면 보상은 반복적으로 지속되어야 한다.

'애착이론'에 지대한 영향을 끼친 미국의 실험심리학자의 연구가 있다. 그것은 '심리학 개론' 책에 항상 소개되는 '사랑의 본질'nature of love에 대한 해리 할로우Harry Frederick Harlow 박사의 실험이다. 할로우 박사가 이 실험을 진행한 계기는 그가 실험에 쓰던 붉은털원숭이들에게서 비롯한다. 이 원숭이 중에서 여럿이 결핵에 걸려 죽자 할로우 박사는 건강한 원숭이 집단을 다시 꾸려야 했다. 그래서 할로우 박사 팀은 갓 난 원숭이를 엄마 원숭이와 분리시키고는 위생과 영양에 최선을 다했다. 그런데 엄마 원숭이와 떨어진 새끼 원숭이들이 우리cage 바닥에 깔려 있던 부드러운 천에서 떨어지지 않으려고 했다. 이 현상을 관찰한 할로우 박사는 왜 새끼 원숭이들이 부드러운 천에서 떨어지지 않으려고 하는지를 체계적으로 연구했다. 이 연구를 위해 그의 연구팀은 두 엄마 원숭이 모형을 만들었다. 즉 철사로 만든 엄마 원숭이 모형과 철사에 헝겊을 씌운 엄마 원숭이 모형이 그것이었다. 그러고는 철사로 만든 엄마 원숭이를 통해서만 우유를 제공했다. 즉, 우리cage 안의 새끼 원숭이들에게는 우유를 제공하는 철사 원숭이 엄마와 우유는 주지 않지만 부드러운 천에 싸여 있는 원숭이 엄마가 있었다. 그러자 새끼 원숭이들이 철사 원숭이 엄마에게서 우유를 먹고는 부드러운 천에 싸여 있는 엄마 원숭이와 주로 시간을 보냈다. 얼마 후, 굉음을 내는 괴물 모양의 로봇을 우리cage로 접근시켰다. 안전에 위협을 가한 것이다. 그때 새끼 원숭이들의 반응이 실험의 핵심이었다. 즉 새끼 원숭이들이 어떤 엄마를 선택하는지가 관건이었다. 새끼 원숭이들은 곧장 천에 싸인 엄마에게로 달려갔다. 그 장면을 목격한 할로우 박사는 먹을 것을 지속적으로 주는 것보다 따뜻함, 안락함,

안정감 등의 요소들이 아기들의 애착 형성에 매우 중요한 역할을 한다는 가설을 세운다. 이 실험 결과는 당시에 부모가 자녀에게 안전한 환경을 제공하고 적당한 음식을 제공할 때 상호 간에 애착이 형성될 수 있다고 믿었던 사람들에게 매우 놀라운 사건이었다. 이 연구 결과는 이후의 '애착이론'과 심리치료의 발전에 지대한 공헌을 했고, 아동을 돌보는 방식에 큰 변화를 이끌었다.

할로우 박사의 이 실험은 미국의 정신분석가이자 의사였던 르네 스피츠René Spitz 박사의 임상적 관찰과 일치했다. 스피츠 박사는 여러 형태의 어린이 양육기관을 관찰했

다. 그는 고아원에 있던 유아와 교도소 내 탁아시설의 유아를 비교하기도 했다. 비교적 깨끗한 시설이며 영양이 풍부한 음식을 제공한 고아원에서는 91명의 유아 중 34명이 만 2세 이전에 사망했다. 나머지 유아들은 체중이 줄었고, 활동량이 매우 적었으며, 표정이 어두운 현상을 보였다. 반면에, 그 고아원보다 위생 환경과 음식의 질이 훨씬 열악한 교도소 내의 탁아소에서는 같은 시기에 단 한 명도 사망하지 않았다. 스피츠 박사는 이 두 곳의 결정적인 차이를 발견했다. 당시 그 고아원의 유아용 침대 주변에는 장난감도 없었고 누워서 볼 수 있는 것은 텅 빈 천장뿐이었다. 그곳의 유아들은 침대 안에서도 거의 움직이지 않았다. 또 한 명의 돌보미가 여러 명의 아이를 관리했다. 스피츠 박사는 그 고아원에서 유아들이 퇴행한 이유를 고독감, 외로움(사람 파트너의 부재)이라고 판단했다. 이에 반해, 교도소 내 탁아소에서는 아기와 엄마의 접촉이 허용되었고, 당시 젊은 엄마들은 자기 아기에게 많은 관심을 보이며 직접 교류했다. 결국 아이들에게는 정서적 안정과 신체적 접촉이 무척 중요하다는 것을 밝혀냈다.

　신체 접촉은 왜 그런 효과를 발휘하는 걸까? 신체 접촉으로 전달할 수 있는 감정에는 무엇이 있을까? 우리가 화날 때는 상대의 신체를 때릴 수도 있고, 사랑할 때는 손을 지그시 잡을 수도 있다. 불안감이나 위로감도 신체 접촉을 통해 표현할 수 있다. 아기가 뜨거운 걸 만지려고 할 때, 말에 앞서 엄마가 화들짝 놀라 아기를 꽉 붙잡는다. 그런 다급한 행동도 접촉으로 감정을 전달하는 것이다.

캘리포니아 주립대학의 켈트너Dacher Keltner 박사와 동료들은 감사, 공포, 혐오, 위로, 사랑 등의 감정을 팔을 접촉하는 것만으로도 전달할 수 있음을 발견했다. 신체 접촉으로 감정을 전달할 뿐만 아니라 그 감정을 전달받은 사람이 그 내용을 분명히 인식할 수 있다고 한다. 신체 접촉으로 전달된 감정을 인식하는 정확도가 표정이나 음성으로 전달된 감정을 인식하는 것만큼이나 정확하다고 하니 놀랍다. 더욱이, 표정만으로는 감사, 동정, 사랑을 구분하기는 쉽지 않다. 그런데 신체 접촉은 다양한 긍정적인 감정을 제대로 전달할 수 있는 매개체라는 것이다. 다양한 종류의 정서를 신체 접촉을 통해 교류할 수 있다는 말이다. 이 연구에 따르면, 갓난아기가 먹고 자는 것 외에 자신을 돌봐주는 사람과 신체 접촉을 하면서 긍정적인 정서를 더 많이 느낄 수 있고, 그러한 신체 접촉으로서의 정서 교류가 아기를 건강하게 성장시키는 데 필수적으로 작용한다.

예일대학교 마이클 크라우스Michael Kraus 박사 팀은 NBA 농구 선수끼리의 하이파이브 같은 신체 접촉 횟수와 경기 성과의 상관관계를 살펴봤다. 그 연구 팀은 신체 접촉을 많이 한 팀에서 선수 개개인과 팀 전체의 경기력이 훨씬 더 좋았다고 보고했다. 이러한 경기력 향상은 선수 개인의

7 '애착'은 감정의 본질

상태, 이전 시즌의 경기력, 시즌 초기의 성과를 통제하고 나서도 유지되었단다.

그런가 하면 '마사지 테라피'라는 치료법이 있다. 이 치료법은 에이즈 양성 진단을 받은 사람들에게 처방되기도 한다. 에이즈 환자들은 면역력이 약해서 감염 위험 때문에 신체 접촉을 피하는 경향이 있다. 환자 스스로도 그렇지만, 주위 사람들도 에이즈 감염에 대한 오해 때문에 접촉을 꺼린다. 그런데 그 환자들에게 마사지 테라피를 해줬더니 그 치료를 받지 않은 환자들보다 면역력이 향상되었단다. 또 병원에서 수술을 앞둔 환자에게 신체 접촉이나 마사지를 많이 해줬더니 그 환자들이 고통을 견디는 능력이 높아졌다는 연구 보고도 있다.

이처럼, 애착을 형성하는 과정에서 욕구 충족뿐만 아니라 신체 접촉 등의 심리적·감정적 교류가 매우 중요하다. 애착을 형성하려는 대상과 다양한 감정적 교류를 하면서 자신이 보살핌을 받고 있다는 메시지를 받을 수 있고, 이 과정에서 생동하는 감정이 생겨나 건강하고 합리적인 스키마를 형성하게 된다.

다음 장에서는 애착의 유형과 애착 과정에서 나타나는

스키마의 조절과 동화 현상, 그리고 애착과 감정의 관계를
살펴보겠다.

8
애착과 스키마의 관계

앞 장에서 알아본 '애착이론'의 존 볼비 박사에게 메리 에인스워스Mary Dinsmore Ainsworth라는 제자가 있었다. 이 학자가 1978년에 발표한 논문에는 어린아이들이 나타내는 애착의 특성과 애착의 종류를 살필 때 가장 많이 활용되는 '낯선 상황 실험'이 소개되어 있다. 이 실험의 대상은 만 2세 미만의 아기들이었다. 만 2세가 되면 사회화가 진행되어 애착의 유형을 제대로 평가하기 어렵기 때문이다. 이 '낯선 상황 실험'은 일련의 여덟 가지 상황에 따라 진행되었다.

첫 번째 상황은 실험자가 엄마와 아기를 낯선 놀이방으로 인도한다. 곧바로 실험자는 그곳을 벗어난다. 그러면 아기는 주변을 잠시 살피다가 엄마와 함께 있다는 안도감에 놀이방의 장난감들에 관심을 갖는다. 아기는 장난감을 하나씩 만져본다. 그동안 엄마는 아기 옆에 앉아 있다. 이때 아기에게 엄마는 일종의 베이스캠프와 같다. 베이스캠프가 있어서 아기는 좀 더 먼 거리에 있는 장난감을 향해 기어간다.

두 번째 상황은 엄마와 아기가 함께 있는 놀이방 안으로 낯선 사람이 들어온다. 그러고는 그 낯선 사람이 엄마와 대화를 한다. 그러면 아기는 낯선 사람에게 다소 불안감을 나타낸다.

세 번째 상황은 낯선 사람은 놀이방에 그대로 있고, 엄마가 그 방을 나간다. 그 모습을 보고 아기는 막 울기 시작한다. 그때 낯선 사람이 아기에게 다가가 울지 말라고 말한다. 아기는 울음을 멈추지 않는다. 멈추지 않는 아기의 울음은 애착 행동이며, 그것은 '분리 불안'이다.

네 번째 상황은 엄마가 놀이방으로 돌아온다. 그러고는 아기에게 "잘 있었니?" "괜찮니?"라고 말한다. 그러면서 엄마가 아기를 품에 안아주면서 위로한다.

다섯 번째 상황은 낯선 사람이 놀이방 밖으로 나간다. 아기는 안심한다.

여섯 번째 상황은 또다시 엄마가 놀이방 밖으로 나간다. 그러자 아기가 다시 운다. 아기는 두 번째 '분리 불안'을 경험한다.

일곱 번째 상황은 낯선 사람이 다시 놀이방 안으로 들어온다. 그러고는 낯선 사람이 아까 엄마가 했던 방식으로 아기를 위로한다. 그러면 아기는 낯선 사람에게도 위로를 받는 태도를 보인다.

여덟 번째 상황은 엄마가 놀이방으로 다시 돌아온다. 엄마는 아기한테 인사하고, 필요하면 아기를 달래기도 한다. 그러면서 다시 재결합을 이룬다.

'낯선 상황 실험'은 이 여덟 가지 상황에서 아기의 행동을 살펴서 아기의 애착 유형을 평가한다. 그 실험에서 나타난 '애착 유형'은 네 가지로 분류된다. 첫 번째 유형은 '안정 애착'이다. 당시 미국의 영아 중에서 약 60%가 '안정 애착'을 나타냈다. 그 아기들은 첫 번째 상황에서는 적극적으로 놀이방 내부를 탐색했다. 장난감을 만지면서 호기심을 표출했다. 그다음, 엄마가 방에서 나가면 혼란스러워하고 불안해했다. 그러다가 엄마가 돌아오면 반가워했다. 그사이 아기가 스트레스를 많이 받았다면 엄마와 스킨십을 하려고 했다. 아기는 엄마를 힘껏 끌어안았다. 그리고 방 안에 엄마가 있을 때는 낯선 사람과도 잘 지냈다. 그래서 나중에 엄마가 없을 때 낯선 사람이 자신을 위로해주어도 비교적 안정되었다.

두 번째 애착 유형은 '불안정 애착'이다. 이 유형은 두 가지로 나타난다. 첫째는 '불안정-저항 애착'이다. 당시 만 1세가량의 미국 영아 중에서 약 10%가 이 유형에 해당했다. 이 아기들은 엄마가 곁에 있어도 낯선 상황을 적극적으로 탐색하지 않았다. 즉, 이 아기들은 놀이방에서 엄마와 단둘이 있어도 장난감에 관심 두지 않았다. 엄마와 함께 있어도 낯선 환경을 불안해한 것이다. 그 후 엄마가 밖으로 나가면 스트레스를 많이 받았다. 극도의 불안감을 느낀 것이다. 그러다가 엄마가 돌아오면 양가감정을 나타냈다. 엄마가 돌아와서 다행이기도 했지만, '엄마가 나를 떠났다' '엄마가 나를 버렸다'고 여겼었기에 화가 난 것이다. 이 양가감정이 아기를 혼란스럽게 한다. 그럴 때 엄마가 달래며 안아주려고 하면 아기는 저항하기도 한다. 화를 표현하는 것이다. 그럼에도 엄마가 다시 떠날지도 모른다는 생각에 아기는 엄마의 곁에 있는다. 그리고 당연히 아기는 낯선 사람을 더욱 경계한다.

'불안정 애착'의 두 번째 유형은 '불안정-회피 애착'이다. 당시 만 1세가량의 미국 영아 중에서 약 20%가 이 유형에 해당했다. 이 아기들은 엄마와 분리되었을 때 그다지 큰 스트레스를 받지 않았다. 그것은 자신의 불안을 억압한 까닭이다. 그 아기들은 엄마가 돌아와서 자신에게 살갑게 대해도 계속 무시하는 행동을 했다. 그것은 화의 또 다른 표현이다. 에둘러 표현했을 따름이다. 엄마가 부재중일 때 자기 불안감을 직접 표현하지 않고 억압했듯이, 화나는 감정도 억압하는 것이다. 이 아기들은 낯선 사람에게도 회피하거나 무시하는 태도를 보였다. 이 아기들은 자기감정을 표현하지 않는 방식으로 대처한 것이다.

마지막 '애착 유형'은 '혼란스런 애착'이다. 당시 만 1세가량의 미국 영아 중에서 5~10%가 이 유형에 해당했다. 이 아기들은 낯선 상황에서 스트레스를 가장 크게 받은 경우였다. 이 아기들은 놀이방으로 돌아온 엄마에게 접근할 것인지, 아니면 피하거나 무시할 것인지를 놓고 갈등하는 패턴을 보였다. 그 아기들은 혼란스러운 감정에 빠졌다. 불안과 화를 어떻게 처리해야 할지를 몰라서 큰 스트레스를 받은 것이다. 그래서 그 아기들은 돌아온 엄마에게 멍하니 얼어붙은 행동을 했다. 그 아기들은 당장 자기가 느끼는 감정이 어떤 감정인지 혼란스러웠던 것이다. 엄마의 위로가 간절하지만, 엄마가 다가오면 오히려 도망갔다.

이상의 '애착 유형'을 스키마, 그리고 감정과 연결해보자. 첫 번째 유형인 '안정 애착'을 나타내는 아기들은 불안이나 분노보다 편안한 감정을 더 잘 느낀다. 그 아기들은 낯선 상황이지만 엄마와 함께 있을 때도, 그곳에서 엄마와 낯선 사람이 함께 있을 때도, 돌아온 엄마가 위안을 줄 때도 '세상은 안전할 것이다' '나는 사랑받을 것이다' '엄마는 나를 지켜줄 것이다'라는 스키마를 갖고 있다. 그 편안한 감정이 다른 대상으로 관심을 확장시켜 준다. 즉, 그 아기들은 '내가 지금 안전하니까 내 호기심을 충족시켜도 좋다' '내 욕구와 즐거움을 충족시켜도 괜찮다'라는 감정의 메시지를 받는다. 그래서 엄마만 곁에 있다면 장난감도 탐색하고 낯선 사람도 경계하지 않는 것이다.

반면에 두 번째 애착 유형인 '불안-저항 애착'을 나타낸 아기들은 엄마가 떠나면 매우 불안해했다. 그 아기들은 '세상은 위험할 수 있다' '엄마가 나를 보호하지 못할 수도 있다' '엄마가 나를 영영 떠났을 수도 있다'라는 스키마를 갖고 있다. 그렇게, 엄마가 안 돌아올지도 모른다고 생각했으니 불안할 뿐만 아니라 동시에 화가 난 것이다. 그래서 낯선 사람에게도 경계심을 풀지 않았다.

세 번째 애착 유형인 '불안정-회피 애착'을 나타내는 아기들은 어떤 스키마를 갖게 될까? 그 아기들의 불안과 화의 감정은 겉으로 잘 드러나지 않는다. 그 아기들은 '세상은 위험할 것이다' '엄마가 나를 떠났을 것이다' '하지만 내가 할 수 있는 건 아무것도 없다' '그래서 내가 불안해하거나 화를 내면 위험이 오히려 커질 것이고, 엄마와는 또다시 이별할지도 모른다'라는 스키마를 갖게 된다. 그래서 그 아기들은 불안한 감정을 표현하지 않으려고 노력할뿐더러, 오히려 무덤덤한 것처럼 보이게 행동한다.

네 번째 애착 유형인 '혼란스런 애착'을 나타내는 아기들은 매우 큰 불안과 매우 큰 분노가 혼재된 자기감정에 빠져 자신에 대한 엄마의 사랑을 의심하기도 한다. 그 아기들은 '엄마가 나를 사랑하는 줄 알고 있지만, 그렇지 않은 것 같기도 하다' '세상은 안전한 줄 알았는데 전혀 그렇지 않은 것 같기도 하다'라는 스키마를 갖게 된다. 그래서 비교적 소수이지만 그 아기들은 자신이 어떻게 행동해야 할지를 선택하지 못한 상태에서 돌발 행동을 하기도 한다. 불안감과 화를 감당하지 못하는 것이다.

상황	애착	감정
1) 낯선 방에서 아이가 엄마와 함께 있음. 2) 방 안에 낯선 사람이 들어와 엄마와 대화함.	안정 애착	불안 VS. 편안함
3) 엄마가 방에서 나가고 낯선 사람이 아이에게 위안을 줌.	불안-저항 애착	불안 VS. 편안함 VS. 화
4) 엄마가 방으로 돌아옴. 5) 낯선 사람이 방에서 나감. 6) 엄마도 방에서 나감.	불안정-회피 애착	불안 VS. 편안함 VS. (표면적) 화, 무력감 …
7) 낯선 사람이 방으로 들어와 아이에게 위안을 줌. 8) 엄마가 방으로 돌아와 아이와 재결합함.	혼란스런 애착	불안 VS. 편안함 VS. 화

'낯선 상황 실험' 프로토콜

그럼, '낯선 상황 실험'에서 아기들의 감정의 메시지는 무엇일까? 첫 번째는 '불안'의 메시지이다. 즉 그 메시지는 '위험하니까 준비해라'이다. 그때, 아기들의 심장 박동은 빨라진다. 불안감이 신체 반응을 일으킨 것이다. 아기들은 막 울기도 할 테다. 아울러 '화'의 메시지도 있다. 즉 그 메시지는 '나를 지켜줘야 할 엄마가 무심하게도 나를 떠나버렸다'이다. 당연히 받아야 할 권리가 무시되었다고 여겨지는 것이다. 그래서 아기는 화가 나는 것이다. 이렇듯, 불안하거나 화나면 대비하기 위해 도망가거나 맞서는 몸 상태를 만들어야 한다. 그러려면 팔다리 근육에 혈액을 보내기 위해 심장 박동이 빨라진다. 동공도 커지고, 위험한 단서를 알아차리기 위해 온몸은 긴장한다. 이런 신체 변화는 아기들을 매우 불쾌한 상태로 만든다. 그래서 터뜨린 울음은 그 감정의 표출이다.

이러한 감정은 애착을 돕는 메시지를 갖고 있다. 아기의 불안감이 '내가 애착을 맺고 싶은 사람이 없어져서 내가 위험에 처할 수 있으니 그 사람과 애착을 강하게 맺으라'는 신호를 보내는 것이다. 아기의 화도 마찬가지이다. 애착의 대상에게 잘못된 것, 부당한 것이 있으니 그 내용을 전달하여 애착의 대상이 문제의 행동을 수정할 수 있도록 하는 것이다. 불편하고 고통스러운 감정이지만, 그 감정의 메시지는 애착을 형성하고 싶다는 욕구를 전달한다. 부정적인 감정들은 '현재 나의 전략이 애착을 형성하는 데 도움이 되지 않으니 그 전략을 바꾸라'는 메시지를 전하는 것이다.

그럴 때 부모의 역할은 아기가 자기감정을 표현할 수 있는 안전한 환경을 마련해주는 것이다. 어떤 부모는 자기 아기가 화를 너무 자주 낸다고, 혹은 짜증을 많이 낸다고 걱정하기도 한다. 하지만 일반적으로 아기들이 화를 내거나 짜증을 내는 것은 자기감정에 익숙해지고 그 감정에 귀기울이는 법을 배우는 과정에 있음을 의미한다. 아이들이 잔병치레를 많이 하는 것은 아직 면역력이 약하기 때문이며, 그래서 아이들은 자주 아프면서 항체를 형성해간다. 그러니 부모는 자녀가 아직 심리적인 면역력이 약해서 다양한 스트레스를 겪으면서 고통을 다룰 수 있는 준비를 하고 있다고 생각해야겠다. 그렇지 않고 아이가 고통스러워하는 감정을 나타내는데 오히려 혼내서 억지로 막거나 그 고통을 없애주려고 모든 걸 해주려 하면 아이가 스스로 감정을 보듬을 기회를 빼앗게 된다.

이제 애착 과정에서 일어날 수 있는 스키마의 조절과 동화 과정을 살펴보자. '불안정 애착'이나 '혼란스런 애착'을 형성한 아이들은 편안함을 포함한 여러 감정을 느낄 때에도 이 감정들이 뭔가 잘못된 것이라고 생각할 수 있다. 그래서 '내가 편안함을 느끼면 안 되는데' 하면서 안절부절못하고, 자기감정이 보내는 메시지와 반대되는 행동을 하곤 한다. 이 문제는 아이의 잘못된 태도라기보다는 환경이 아이에게 그러한 피드백을 계속 주었기 때문일 것이다. 이를테면, 아이가 울면 대개의 부모들은 아이에게 다가가 위로해준다. 그런데 이와 다르게 혼자 놔두거나 야단을 치면, 아이들은 '어, 내 감정이 보내는 메시지를 표현했는데 오히려 내가 원하는 것을 얻지 못했네'라는 느낌을 받게 된다.

나를 위한, 감정의 심리학

그러면서 '내가 어떻게 해야 되지?' 하는 딜레마에 빠지게 된다. 그래서 아이들은 자신의 스키마를 조절하려고 한다. '울었기 때문에 나는 나쁜 사람이고, 내가 혼난 건 내가 잘못했기 때문일 것이다' '나는 불안해서 울었지만 그건 잘못된 방식이었나 보다' '화를 표현했는데 더 혼났으니 세상이 부당한 게 아니라 원래 내가 그렇게 대우받을 사람이었나 보다' '나는 나쁜 사람인가 보다' 이런 식으로 자기 스키마를 조절한다. 그렇게 되면, 자신의 감정은 항상 나쁜 결과를 가져오기 때문에 쓸모없거나 창피한 것일 뿐이라고 단정하게 된다. 조절된 스키마가 굳어지는 것이다.

이 과정을 이해하려면 무엇보다 '감정'에 대한 이해가 필요하다. 스키마를 조절하고 동화하는 과정에서 부정적인 감정을 느끼기도 하고 긍정적인 감정을 느끼기도 하는데, 그 다양한 감정들은 스키마를 어떻게 조절하든지 간에 뭔가 편안하다, 잘못되었다, 뭔가 불안한 것이 있다, 위험한 것이 있다는 메시지를 자신에게 끊임없이 전달해주기 때문이다. 그러므로 스스로 자기 스키마의 조절과 동화 과정을 바라보고 그 과정에서 나타나는 자기감정을 살피는 것, 그 감정이 자신에게 전달하는 메시지를 살피며 자신에게 형성된 스키마가 옳은가 그른가를 지속적으로 응시하는 것이 중요하다. 그것이 심리치료의 핵심 요소이다.

화제를 바꿔보자. '안정 애착'을 형성하지 못했다면 모두 불행해질까? 아우슈비츠 수용소에서 유년기를 보낸 아이들은 '안정 애착'을 형성하지 못했을 가능성이 크다. 아동기에 학대받았던 사람들은 당연히 애착을 형성하기는 어렵다. 그러면 그 아이들은 모두 불행해질까? 아이들이 이미 아동 학대의 역경에 놓여 있다면, 그 환경에서 벗어날 수 있도록 돕는 일이 우선일 것이고, 그다음은 그 아이들이 성숙한 성인으로 성장할 수 있도록 유연성(혹은 회복탄력성)에 집중해야 한다. 즉 아이들이 트라우마를 겪으면서 '안정 애착'의 기회를 박탈당했을 때, 더 나아가 생존을 위협받았을 때, 우리는 스키마를 조절하도록 도와야 한다. 다행히 모든 사람의 자기감정은 자신을 돕기 위해 어떤 신호를 준다. 스키마를 조절하기 위해 노력한 어떤 전략이 효능이 있거나 없다는 것을 자기감정이 지속적으로 말해준다. 그래서 그 감정이 전하는 메시지에 귀 기울이도록 도울 수 있다. 인생살이는 환경에 따라 여러 고난에 처하게 되지만, 누구나 이러한 고통의 감정에 대처할 수 있는 능력을 갖고 있다. 그것이 심리적 '탄력성'이다. 심리적 탄력성은 생존을 위한 필수 기제인 셈이다. 세상은 우연한 불행과 고통이 늘 잠재해 있기에 인간은 시시때때로 대처하며 생존해야 하는 존재이다. 그래서 우리는 그런 상황에서 대처할 수 있는 중요한 정보를 자기감정에서 얻는다. 그 메시지에 대해 심리적 탄력성을 발휘할 때 우리는 생존할뿐더러 성장한다.

어린 시절에 애착 형성에 어려움을 겪었다는 것이 성장한 다음의 삶을 부정적으로 결정한다고 보기는 어렵다. 이런 사례가 있다. 20세기 초에 카를라라는 여자가 덴마크계 유대인 남성인 살로몬센의 아들을 임신했다. 아기를 임신했지만 카를라는 살로몬센과 결혼한 상태가 아니었다. 그녀는 아기의 아빠인 살로몬센을 떠나 독일 프랑크푸르트로 가서 혼자 아이를 낳았다. 그래도 아기의 성씨는 아기의 생물학적 아빠인 살로몬센을 따랐다. 1902년의 일이다. 이후 카를라는 간호사 교육을 받으며 아들의 주치의였던 옴베르그 박사와 1905년에 결혼했다. 그래서 아이는 옴베르그 박사와 함께 살았다.

하지만 아이가 9세가 되던 해에 부모는 어떤 이유에선지 아이를 다른 곳으로 입양을 보냈다. 아이의 입장에서는 생물학적인 아빠는 덴마크계 유대인이지만, 자신을 키워준 아빠는 독일인이고, 그러다가 또 다른 부모에게 입양된 것이다. 아홉 살에 이런 일을 겪었으니 아이는 자기 정체성에 혼란이 생길 수밖에 없었다. 더욱이 이 아이는 유대인계 학교에서는 북유럽 계통의 외모였다는 이유로 오래도록 괴롭힘을 당했고, 문법을 가르치는 독일계 학교에서는 유대인이라는 이유로 또 괴롭힘을 당했다. 이런 환경 속에서 이 아이는 '나는 유대인인가, 독일인인가, 나는 도대체 누구인가' 하는 생각을 하며 정체성에 혼란을 겪었다.

그런데 이 아이의 감수성은 매우 섬세했다. 이 아이는 예술, 역사, 언어 등의 분야에 관심이 많았지만 아이들의 괴롭힘 때문이었는지 학교 교육에는 관심이 없었다. 그럼에도 훗날 이 아이는 예술 교사가 되었다. 그는 자신의 섬세한 감수성으로 자신이 가르치는 학생들에게도 무척 세심하게 교육했다. 훗날 지그문트 프로이트의 딸인 안나 프로이트가 그를 보고는 그의 통찰력을 간파하고 그에게 정신분석을 공부해보라고 제안했다. 훗날 그는 본인의 정체성 혼란이 자기 인생의 큰 관심 사항이었다고 회고한다. 나중에 그는 자신의 성씨를 '에릭슨'으로 바꾼다. 이 사람이 바로 그 유명한 정신분석가

에릭 에릭슨이다. 에릭슨은 대학을 졸업하지는 못했음에도 하버드 대학과 예일대학에서 학생들을 가르치게 된다. 에릭슨의 '정체성 발달이론'은 현대 심리학에 여전히 큰 영향력을 미치고 있다.

9
한 그루터기에서 자라는 '감정'과 '이성'

현대 심리학에서는 '감정'과 '이성'을 서로 분리된 것이 아니라 상호 유기적으로 연계된 하나의 시스템으로 이해한다. 오늘날 그렇게 이해하기까지는 오랜 논쟁의 역사가 있다. 우선 그 과정을 살펴보자. '이성'과 '감정' 중에서 무엇이 먼저인가 하는 철학적 논쟁은 오래전부터 있었다. 철학자 플라톤은 마부가 쌍두마차를 모는 비유를 들어 이성과 감정의 관계를 설명했다. 즉 플라톤은 '의지'와 '욕망'을 두 마리 말[馬]로, '이성'을 마부로 비유했다. 그래서 마부는 균형을 잡으며 두 말을 몰아야 한다고 강조했다. 감정보다 이성을 중요하게 여긴 것이다. 나아가 플라톤은 감정이 이성적·생산적 행동이나 생각의 방해물이라고 여겼다. 당시 철학자들은 '절대선'을 화두로 삼았다. 이성은 선(善)을 추구하는 반면 감정은 영혼을 흔들어놓는다고 평가했다. 그런데 이러한 주장이 이성은 중요하고 감정은 중요하지 않다는 의미는 아닌 듯하다.

플라톤에 따르면, 감정은 이성적인 생각을 뒤흔들 만큼 매우 큰 힘을 가졌다. 그가 쌍두마차를 끄는 두 마리 말을 '감정'에 비유한 것은 마차에서 말의 존재가 매우 중요하다는 뜻이다. 즉, 이성은 목적지로 가기 위해 방향을 조종하는 역할을 하지만, 감정은 마차를 끄는 근본적인 힘을 갖고 있기 때문이다. 마찬가지로, 감정이 이성적인 생각을 멈추게 할 수 있다는 주장도 감정의 힘을 강조한 통찰이다. 따라서, 우리는 자기감정이 메시지를 전달할 때 잠시 멈춰서서 이성의 작용을 되짚어보아야 한다. 이성의 작용을 통해 스키마를 다시 점검할 기회를 갖는 것이다.

플라톤의 제자 아리스토텔레스는 '번영'을 강조했다. 번영은 삶의 행복이다. 아리스토텔레스는 번영을 얻으려면 절제, 용기, 인내, 겸손, 그리고 그 밖의 본질적인 가치를 매일 수행해야 한다고 주장했다. 그런데 그러한 가치를 실현하려면 불편함을 참아내는 능력이 필요하다는, 그의 이어지는 주장은 매우 뜻깊다. 아리스토텔레스는 가치를 추구할 때 무언가 불편할 수 있다는 사실을 인지했다. 즉, 아리스토텔레스가 강조한 절제, 용기, 인내, 겸손 등의 미덕을 실현하려면 두려움, 슬픔, 분노 같은 감정의 고통이 수반될 수 있다. 그래서 이러한 감정을 회피하기보다는 마주하고, 그 감정들을 견뎌내고 대처할 때 그 실현이 가능하다. 그것은 현대 심리치료에서 강조하는 '감정의 충분한 경험'과도 일맥상통한다.

스토아학파는 극도의 금기를 실천해야 한다고 주장했다. 그들은 '이성'이 '감정'에 우선한다고 생각했다. 감정이 사람들을 미덕이나 가치에서 떼어냄으로써 스스로를 노예화한다고 보았던 것이다. 그런데 그들이 일컫는 감정이란 심리학에서의 감정과는 다른 의미인 듯하다. 그들에게 감정이란 왜곡된 인지적 평가, 혹은 왜곡된 스키마에 추동된 감정 상태를 지칭하는 듯하다. 누군가의 감정에 왜곡된 스키마가 형성되어 있다면, 예컨대 '나는 열등하다' '세상은 위험하다'는 식의 스키마가 형성되어 있다면, 그 스키마는 당연히 우울, 불안의 감정을 이끌고 그가 추구하는 가치(이성 교제, 학교 생활, 직장 생활 등)에서 자신을 멀어지게 한다. 실제로 왜곡된 스키마를 찾아서 바꾸려면 당사자가 어느 정도의 고통을 참아내야 하기 때문에 그들이 추구하는 금기가 효과적일 수 있다. 많은 사람이 왜곡된 스키마를 갖고 사는 이유는 자신에게 고통을 주는 감정을 회피함으로써 자기의 스키마를 마주하지 못하고, 그래서 자발적으로 자기 스키마의 변화도 이끌어내지 못하기 때문이다. 그런 의미에서 스토아학파가 감정을 무시하거나 외면했다고 단정하는 것에 나는 찬성하지 않는다. 오히려 그들이 감정을 다루는 하나의 측면을 강조했다고 생각한다.

계몽주의 시대로 넘어가 보자. 이 시기에는 과학에 기반한 합리성과 이성이 강조되었다. 로크, 흄, 볼테르, 벤담, 밀 등으로 대표되는 경험주의자들은 미신이나 권위, 감정적 호소에서 벗어날 것을 주장했다. 하지만 그런 주장은 감정을 배제하자는 것이 아니다. 실제로 많은 심리치료가 그 당시의 경험주의를 기반으로 발전해왔다. 과학의 시대인 오늘날에도 사람들은 여러 미신과 편견과 감정적 호소에 영향을 받는다. 우리가 어떤 큰일을 당하면 자기의 스키마가 왜곡되어 발동한다. 왜곡된 스키마로 세상을 바라보게 되는 것이다. 그것은 과학과는 거리가 먼 미신이거나 편견이기도 하다. 이러한 왜곡된 스키마를 객관적으로 검증하려는 움직임이 근대 심리치료의 기반이 되었다.

계몽주의 시대의 학자인 흄은 이렇게 말했다. "감정은 우리에게 무엇이 중요한지 얘기하지만, 이성은 감정이 알려준 목표를 달성할 수 있도록 우리를 돕는 것 같다." 이 말은 감정을 무시하라는 뜻이 아니다. 감정은 우리에게 가치와 목표를 알려주고, 이성은 그것을 달성할 수 있도록 길을 찾아가는 능력을 발휘한다는 말이다.

비트겐슈타인Ludwig Josef Johann Wittgenstein도 대표적인 경험주의 학자이다. 이 철학자는 감정적 호소에는 오해의 소지가 있기 때문에 논리적인 담화와 명확한 정의를 통한 실험을 따를 필요가 있다고 주장했다. 그의 이 주장을 '감정은 무의미하므로 이성만 존중해야 한다'는 식의 이분법으로 받아들이면 안 되겠다. 비트겐슈타인이 말하는 '감정적 호소'는 현대 심리학이 말하는 '왜곡된 스키마로 형성된 감정의 표출'과 다르지 않을 것이다. 논리적 담화와 명확한 정의를 생성하는 이성의 역할은 감정에 밀착되어 있는 왜곡된 스키마를 논리와 경험적 방법론을 통하여 검증하는 것일 터이다.

이성을 강조한 플라톤이 살았던 고대 사회에는 비극 연극이 유행했다. 당시에 인기를 끌었던 에우리피데스의 비극 <바쿠스의 무녀들>Bacchae은 감정을 무시하면 엄청난 재앙이 온다는 걸 보여주는 작품이다. 당시의 시대정신은 감정에 놀라운 힘이 있다는 것을 인식하고 있었던 것 같다. 그런 경향은 16~17세기 영국의 대표 극작가 셰익스피어의 비극 작품들도 마찬가지이다. 그의 4대 비극 『햄릿』『오셀로』『리어왕』『맥베스』의 등장인물들은 모두 자기감정에 파묻혀 비극을 맞는다.

감정의 중요성을 더 직접적으로 강조한 철학자와 예술가들이 있다. 니체는 감정을 배제한 논리는 살아 있는 경험을 방해한다고 보았다. 이후에 헤겔, 쇼펜하우어, 루소 같은 낭만주의 시대의 사상가들, 그리고 괴테, 바그너, 베토벤, 슈베르트, 베를리오즈 등의 예술가들은 과거보다 더 적극적으로 감정에 귀 기울였고, 감정을 더 구체적으로 표현하는 것이 철학과 예술에서 매우 중요하다고 여겼다.

감정의 중요성, 삶에서 피할 수 없는 고통스러운 감정들, 그 안에 내포된 삶의 의미는 이후 철학자들과 종교 지도자들에게 지속적으로 강조된 개념이다. 실존주의자들은 인간은 불합리하고 불공정한 삶에 그냥 내던져진 존재이며 그것이 인간의 숙명이라고 생각했다. 그래서 인간은 고통스러운 감정을 느낄 수밖에 없고, 그 점이 삶의 핵심이라고 생각했다.

프로이트Sigmund Freud는 정신분석의 목적을 "신경증적인 고통을 일상적인 불행으로 바꿔주는 것"이라고 말했다. 정신분석이 불행을 없애주지는 않는다. 신경증은 우리를 극도로 우울하고 불행하게 만들어 사회생활을 못 할 정도로 힘들게 한다. 이런 고통을 일상적인 불행 정도로 낮춰주는 것이 정신분석의 역할이라는 말이다. 신경증은 정신적 질병이지만, 일상적인 불행은 보통 사람이 겪고 있는 일상생활의 반려자인 셈이다. 도널드 위니코트Donald Woods Winnicott라는 유명한 정신분석가는 "우리가 단지 제정신이기만 하다면, 우리는 실로 불쌍한 존재일 것이다"라고 말했다. 그러므로 우리가 크게 의식하든 혹은 작게 의식하든, 누구나 자기만의 고통스런 감정을 가슴속에 안고 살아가고 있다.

그럼, 그러한 '감정'을 우리는 어떻게 대면해야 할까? 우리는 고통스러운 감정을 포함하여 다양한 감정을 수용할 필요가 있고, 이성을 통해 감정의 메시지를 들을 수 있고, 그리하여 우리가 살아가는 신념 체계를 형성할 수 있다. 이에, 로버트 리히Robert Leahy 박사는 "심리치료의 목적은 좋은 감정만을 느끼도록 하는 것이 아니라, 모든 감정을 느낄

수 있는 능력을 갖도록 돕는 것이다"라고 강조했다. 그러려면 우리에게는 그때그때의 다양한 감정을 느끼고, 그 감정들이 보내는 메시지를 경청할 수 있는 심리적 유연성이 필요하다.

이성과 감정의 중요성은 인류가 문명을 이룬 뒤 꾸준히 인식되어 왔다. 하지만 그 누구도 이성과 감정 중에서 하나만 옳다는 식으로 주장하지 않았다. 감정과 이성이 모두 중요하고 제 역할이 있기에, 이들의 상호작용이 중요함을 강조했다. 실제로 감정과 이성은 우리가 처한 상황에 따라 서로 영향을 끼치며 작용한다. 감정은 우리에게 가치 있는 것이 무엇인지를 가리키고, 이성은 그 가치에 도달할 수 있는 길을 모색한다. 그럼으로써 우리는 자기감정을 해석하는 스키마를 발달시킨다. 그 과정에서 스키마는 스스로 생존과 적응에 가장 좋은 방식이라고 여기는 신념 체계를 형성한다. 그래서 임상심리학자인 나는 내담자들이 왜곡되거나 부정적인 스키마를 가질 수밖에 없었던 상황이 무엇인지, 그 정체를 알아내고 이해하려고 애쓴다. 이 내담자께서 왜 이런 스키마를 형성하게 되었을까, 왜 이렇게 행동할 수밖에 없었을까 하는, 근원적인 의문을 마음에 두고 내담자의 환경과 경험의 맥락에서 생겨난 내담자의 고통스런 감정이 무엇인지를 내담자와 함께 이해해보려고 노력한다. 그러면, 우리가 지닌 감정의 뿌리가 조금씩 이해되기 시작한다.

10
'감정'이라는 샴쌍둥이

코로나19가 발생되기 이전인 어느 날 나는 대학 동기들과 함께 주말에 스포츠 경기를 보러 가기로 했었다. 자녀가 있는 사람은 자녀도 데려오고, 오랜만에 뒤풀이도 하자고 했다. 그날 아침에 친구들과 이런 대화를 주고받으며 즐거웠다. 기대도 되고, 오래전 대학 축제 때의 추억도 떠올랐다. 그러다가 문득 이번 일요일까지 해야 하는 일들이 생각났다. 논문 리뷰를 마무리해서 보내야 하는 일, 연구 수행 보고서, 수업 준비 등등 밀린 일들이 있었다. 그 생각이 들자마자 갑자기 초조해졌다. 친구들과 주말 약속을 했는데 일도 밀려 있으니 불안해지기 시작한 것이다. 불안을 떨쳐버리고 싶었다. 그래서 밀린 일은 생각하지 않으려고 했다.

그랬더니 아이러니하게도 주말 약속에 대한 기대감과 즐거움도 스르르 함께 사라졌다.

대학 학부 학생이 내게 면담을 요청했다. 대중음악 밴드 활동을 좋아하는 학생인데, 그는 얼마 전부터 그 활동이 재미없어졌다고 말했다. 어떤 일을 해도 즐겁지 않고, 계속 걱정만 된다고 했다. 그 학생은 자신이 밴드 모임에 가 있을 때면 지금 도서관에서 공부하고 있어야 할 것 같았다고 했다. 밴드 모임 할 시간에 자신에게 부족한 스펙을 쌓아야 할 것 같았다고 말했다. 그런데 도서관에 가 있으면 밴드 모임 생각에 공부 집중이 안 되었다고 했다. 자신이 갈팡질

팡한 상태였다고 했다. 그래서 그 학생은 얼마 전부터 자신의 불안한 마음을 떨쳐내려고 노력했단다. 그랬더니 자신이 좋아했던 밴드 활동뿐만 아니라 모든 일에 흥미가 사라졌다고 했다. 그러면서 이렇게 살면 안 되는 것 아니냐고 내게 물었다.

'조현병'이라는 병명을 들어보았을 테다. 영화 <뷰티풀 마인드>The Beautiful Mind에 조현병을 앓는 인물이 등장한다. 흔히 조현병을 떠올리면 망상이나 환청 같은 '양성증상'을 생각하는 사람이 많겠지만, 양성증상은 효과적인 치료법도 있고 증상도 잘 관리할 수 있다. 하지만 조현병을 앓는 사람들 중에서 상당수가 경험하는 '음성증상'은 아직 마땅한 치료가 보고되고 있지 않다. 음성증상이 심하면 무슨 일이든 활동하고 싶은 게 없어지고, 감정 표현이 줄어들거나 사라진다. 사람들을 만난다거나 직장을 구하고 싶은 의지나 동기도 약해진다. 그래서 사회생활을 지속하기 어렵고, 소외될 가능성도 높아진다. 조현병을 앓는 사람 중 다수가 이러한 음성증상을 보인다.

심리학과 학생 시절에 나는 조현병을 앓는 사람들이 왜 이렇게 정서적으로 메마르게 되는지 궁금했다. 그 당시

나는 이런 증상이 있는 분들과 함께 심리치료센터에서 노래도 하고 기타도 연주하면서 한동안 어울렸다. 그 시간만큼은 그분들도 즐거워했다. 그런데 그다음 주에 그분들을 다시 만나서 "지난주에 재미있었던 일이 무엇이었나요?" "지난주에 저와 함께 노래할 때 어땠어요?" 하고 물어보면, "그냥 그랬어요" "괜찮았어요" 정도의 응답만 듣게 되었다. "다음 주에 함께 노래할래요?"라고 물으면 "괜찮아요" 혹은 무표정한 태도로 "네…… 하세요"라는 짧은 대답만 돌아왔다. 그런데 막상 다시 실제로 함께 어울려 노래하고 연주하면 그분들은 즐거워한다. 그러니까 그분들은 함께 활동하는 동안에는 즐거움을 느끼지만, 지난 시간에 느꼈던 즐거움을 회상하는 데는 어려움을 겪었다. 마찬가지로, 그분들은 미래(내일이나 다음 주)에 일어날 즐거운 일도 예측하기 어려워했다.

왜 그럴까? 음성증상을 경험하는 사람들의 환경을 살피면 왜 그런지 조금은 이해할 수 있다. 청소년들이 아동학대를 경험하는 비율을 추정했을 때 미국은 2014년 기준 1천 명당 9명, 한국은 2016년 기준 1만 명당 2명 정도라고 한다. 그런데 놀랍게도 조현병을 앓는 사람들의 아동 학대 경험을 조사하면, 그 비율이 20% 후반에서 약 80%까지 나타난다. 조현병을 앓는 사람들이 아동 학대를 경험할 확률이 조현병이 없는 사람들에 비해 최소 수십 배에서 수백 배에 달한다. 아동 학대는 주변인들로부터 받는 신체적, 성적, 정서적 학대와 방임을 포함한다. 아동 학대 환경에 처한다면, 그 사람의 스키마는 어떻게 조절될까? 그런 환경에서는 어떤 감정이 생길까? 그러한 환경에 놓인 사람들은 대부분 자기감정을 회피하고, 무엇이든 경험하지 않으려고 한다. 그런 음성증상의 행동은 어쩌면 당연한 대처 전략일

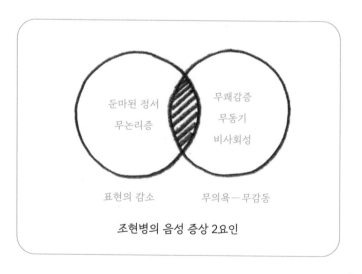

둔마된 정서
무논리증

무쾌감증
무동기
비사회성

표현의 감소

무의욕—무감동

조현병의 음성 증상 2요인

것이다. 그분들에게 감정적 정보는 매우 부담스럽고, 심지어 무서울 수 있다. 그래서 그분들은 부정적 감정을 처리하지 않으려고 의식적으로, 무의식적으로 노력했을 것이다.

이 주제에 대하여 연구 팀원들과 함께 몇 가지 연구를 진행했다. 조현병을 앓는 사람 중에서 음성증상이 특히 많이 나타나는 사람은 실험용 컴퓨터의 화면에 감정을 표현하는 얼굴이 나타나면 그 표정이 행복하든 슬프든 상관없이 피했다. 그런데 더 안타까운 점은 그분들은 실험 이후에 그 컴퓨터 화면에 나타난, 슬프거나 화난 부정적 감정의 표정은 일반 사람과 비슷하게 기억했지만, 즐거운 감정을 나타냈던 표정에 대해서는 훨씬 더 기억하지 못했다는 사실이다.

조현병을 앓는 사람은 어린 시절부터 사회적 관계를 잘 맺기가 어려웠을 가능성이 많다. 사회적인 여러 자극이 부담스러웠을 수도 있고, 그 자극들이 무서웠을 수도 있다. 그런 자극 자체가 본인에게 고통을 주었기 때문에 피하려고 했을 것이다. 평범한 사람에게는 상대방의 웃는 얼굴이 기분 좋은 자극이지만, 조현병을 앓는 사람들에게는 그렇지 않을 수 있다. 아직은 가설이지만, 조현병을 앓는 사람들이 스스로 억압하고자 했던 자기감정은 대개는 부정적인 감정이었을 테지만, 결국 긍정적인 감정도 덩달아 부정적인 감정과 함께 줄어들거나 마비되었을 수 있다.

아동 학대와 같은 환경에서 그 피해자가 어떻게든 피하고 싶은 정서는 슬픔, 두려움 혹은 분노일 것이다. 그런데 그 회피하고 싶은 감정이 큰 지우개가 되어 결국 일부 즐거웠던 감정이나 사건마저 그 피해자의 기억에서 지워버리는 것이다. 아마도 그래서 그분들이 노래와 음악으로 즐거운 시간을 보냈음에도, 추후에는 그 긍정적인 경험이 그분들의 기억에 자리 잡지 못했던 것 같다.

앞에서 언급했던 학생의 얘기로 돌아가 보자. 밴드 활동과 취업 준비 사이에서 스트레스를 받았던 그 학생이 회피하려고 했던 것은 부정적인 감정이었다. 그 학생은 자신의 부정적인 감정, 즉 미래에 대한 불안을 피하려고 노력했다. 그랬더니 안타깝게도 자신의 불안감뿐만 아니라 밴드 활동의 즐거움, 즉 긍정적인 감정도 함께 마비되었던 것이다. 긍정적인 감정을 포함한 모든 감정을 잘 느끼지 못하는 상태가 되었던 것이다. 결국, 부정적인 감정은 불필요한 감정이 아닌 것이다. 부정적인 감정은 인간의 삶을 방해하거나 파괴한다기보다 삶을 조직화한다. 감정은 부모와 자식 간의 관계, 형제간의 갈등, 이성 교제 등과 같이 서로 다른 사회적 대인관계와 경쟁자들 간의 협상 등을 구조화한다. 이런 여러 관계를 맺고 끊고 해결하는 과정을 감정이 돕는다. 따라서, 감정은 회피하거나 억누를 대상이 아니라, 자신의 현상태를 이해하기 위하여 탐색해야 할 대상이다. 그런데도 우리는 자기에게 부정적인 감정이 생겨나면 그것을 억누르거나 회피하는 전략을 선택하곤 한다. 그 이유는 분명하다. 자기감정이 고통스럽기 때문이다. 그래서 그 전략은 나름대로는 생존하고 적응하려는 노력의 일환이며 반복하여 체득한 학습의 결과이다. 자신의 스키마를 조절한 것이다. 하지만 사실은 감정은 억제하려고 해도 잘 억제되지 않을뿐더러, 억누르는 만큼 그 부정적인 감정뿐만 아니라 다른 감정들마저 억제되고 만다. 그럼에도 감정의 불씨는 꺼지지 않는다. 감정은 자기 메시지가 전달되어 보듬어질 때까지 지속적으로 우리에게 고통을 주면서 생동한다. 그러면, 감정이 우리에게 전달하려는 메시지는 과연 무엇일까? 우리가 고통을 받으면서도 보듬어야 할 감정의 메시지는 무엇일까? 다음 장에서 감정이 전하는 메시지에 좀 더

10 '감정'이라는 샴쌍둥이

가까이 다가가 보겠다.

<마담 프루스트의 비밀정원>(감독: 실뱅 쇼메)은 프랑스 영화이다. 주인공 폴은 무표정한 피아니스트이다. 폴은 이모들과 함께 살면서 이모들의 지시대로 피아노를 치며 건조하게 생활한다. 그런데 그는 성인이 되어서도 자신이 어릴 때 아버지가 무섭게 대했던 기억과 연관된 꿈을 계속 꾼다.

어느 날 폴은 우연히 마담 프루스트라는 사람의 비밀정원에 가게 된다. 그곳에서 그는 프루스트가 건네준 차 한 잔을 마신다. 그러고는 잠시 기절하는데, 그사이에 폴은 자신이 억압한 자기 기억 속으로 들어간다. 그 차를 마시면 자신이 만나고 싶은 기억 속으로 들어갈 수 있었다. 폴은 엄마를 기억하고 싶었다. 꿈속에서는 예쁜 엄마이고 사진도 가지고 있지만 어떤 엄마였는지는 기억나지 않았다. 그래서 폴은 다시 프루스트의 비밀정원을 찾아가 차를 마신다. 그러고는 엄마 아빠와 지냈던 유년의 기억을 떠올리게 된다. 그러면서 폴은 자기감정을 되찾아간다.

폴의 기억 속에는 아빠가 엄마를 때리는 장면이 있었다. 그런데 기억을 만나보니 사실은 서커스단에서 일하던 엄마와 아빠가 레슬링을 연습하던 것이었다. 폴은 엄마 아빠가 죽게 된 이유도 떠올리게 된다. 엄마 아빠와 함께 살던 집 위층에는 지금 폴을 돌봐주는 이모들이 살고 있었다. 이모들에게는 집안 대대로 내려오는 무거운 피아노가 있었다. 그런데 어린 폴이 부모와 함께 즐거운 시간을 보내던 와중에 그 피아노의 하중을 견디지 못하고 천장이 내려앉았고, 그 사고로 엄마 아빠가 사망한다. 그날의 기억은 어린 폴에게 너무나도 고통스러웠다. 그래서 폴은 그 기억을 억압하고 왜곡시켜 버렸다. '아빠가 잘못해서 엄마가 잘못됐을 거야'라는 식으로 말이다. 그 후 폴은 슬픔의 감정을 처리하지 않은 채 살아간 것이다.

이 영화는 어떤 감정이 처리되지 않으면 다른 감정들도 함께 처리되지 않는다는 심리학적인 인과관계를 잘 그려냈다. 자신의 '슬픔'을 고통스러워서 회피하고 돌보지 않으면 긍정적인 감정도 지워져버린다. 슬플 때는 슬픔의 대상을 충분히 애도하고, 상실된 무언가가 자신에게 매우 소중했다는 것을 알아차리고, 그로 인한 아픔을 그대로 받아들여야 한다. 이처럼 슬픔을 적절히 보듬어야 비로소 기쁨 같은 긍정적인 감정도 생겨나기 시작한다.

11
감정은 다단계 욕구의 표정

에이브러햄 매슬로우Abraham Harold Maslow는 1900년대 초반부터 중반에 활동한 심리학자이다. 그는 이 책의 7장에 소개된 '애착이론'의 내용 중에서 새끼 원숭이들의 실험을 진행했던 실험심리학자 해리 할로우와도 함께 연구했고, 세계적인 정신분석가 알프레드 아들러Alfred Adler, 에리히 프롬Erich Pinchas Fromm과도 긴밀하게 소통했다.

매슬로우가 활동했던 시기에는 성적 추동drive을 인간의 주요 욕구로 가정하고, 이드id, 자아ego, 초자아super-ego의 개념으로 심리학적 현상을 설명하던 '정신역동이론'이 지배적인 패러다임이었다. 이러한 맥락에서 1943년에 매슬로우가 발표한 논문이 있다. 『사이콜로지컬 리뷰』

*Psychological Review*라는 심리학 저널에 실린 「인간 동기 이론」A Theory of Human Motivation이다. 이 논문에서 매슬로우는 인간이 가진 욕구에 위계가 있다고 했다.

매슬로우의 이론에서 가장 밑바탕에 있는 욕구는 '생리적 욕구'이다. 목마름, 배고픔, 성욕의 욕구이다. 그 위쪽의 욕구는 '안전의 욕구'이다. 그 위쪽에는 '사랑과 소속감에 대한 욕구'가 있다. 사랑을 하고 사랑을 받고 어디에 소속되고자 하는 욕구이다. 그다음으로 '자기존중감에 대한 욕구'가 있고, 맨 꼭대기에는 '자아실현의 욕구'가 있다. 매슬로우는 이렇게 '욕구'를 다섯 단계로 나누고는 위계를 정했다.

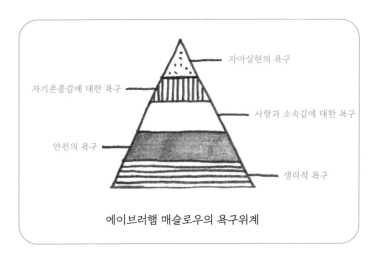

에이브러햄 매슬로우의 욕구위계

앞쪽의 그림에 나타난 욕구 피라미드의 맨 아래서부터 네 가지 욕구, 즉 '생리적 욕구' '안전의 욕구' '사랑과 소속감에 대한 욕구' '자기존중감에 대한 욕구'는 '결핍 욕구'에 해당하고, 맨 위의 욕구인 '자아실현의 욕구'는 '성장 욕구'에 해당한다. 매슬로우는 결핍 욕구는 결핍이 채워지면 사라지는 반면, 성장 욕구는 결핍이 채워졌을 때에도 지속적으로 유지되는 욕구라고 판단했다. 매슬로우는 욕구들 간에 위계를 가정했는데, 그것은 하위 단계의 욕구가 충족되지 않으면 상위 단계의 욕구도 충족될 수 없다는 것이다. '금강산도 식후경'이라는 속담이 있다. 누구나 이틀만 굶으면 안전이나 사랑보다는 당장 먹을 것을 찾을 것이다.

이러한 매슬로우의 '욕구위계이론'은 20세기 초중반인 당시에 지배적이었던 '정신역동이론'에서 강조한 성적 추동 말고도 다양한 인간 욕구가 있음을 명시했다는 점에서 혁신적이다. 그리고 이런 다양한 욕구는 감정을 통해 우리 삶에 나타난다는 점을 우리는 주목해야 한다. 그럼, 욕구는 어떤 감정을 일으킬까? '생리적 욕구'가 결핍되면 화나 짜증 등의 감정을 일으킨다. '안전의 욕구'는 불안 등의 감정을 일으킨다. 마찬가지로 '사랑과 소속감에 대한 욕구'도 결핍되면 외롭고, 슬프고, 화도 나고, 질투도 나는 등 다양한 감정을 불러일으킨다. '자기존중감에 대한 욕구'가 결핍되어도 슬픔이나 절망감, 세상에 대한 분노 같은 복잡한 감정이 생긴다.

그런데 겉으로 보기에는 이런 결핍 욕구가 모두 충족되었는데 여전히 행복하지 않다는 사람들이 있다. 자녀도 잘 성장하고, 돈 걱정도 없고, 집도 있고, 별일 없이 생활하는데도 우울해하는 사람들이 있다. 주변 사람들은 그 사람이 배가 불러서 그렇다며 이해할 수 없다고도 하지만, 그분

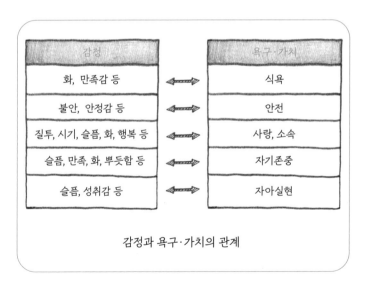

감정		욕구·가치
화, 만족감 등	⟺	식욕
불안, 안정감 등	⟺	안전
질투, 시기, 슬픔, 화, 행복 등	⟺	사랑, 소속
슬픔, 만족, 화, 뿌듯함 등	⟺	자기존중
슬픔, 성취감 등	⟺	자아실현

감정과 욕구·가치의 관계

의 삶에도 무언가 충족되지 않은 욕구가 있을 것이다. 이를 테면 '자아실현의 욕구'가 오랫동안 충족되지 못했기 때문일 수 있다. 사람들은 제각각 가치관도 다르고 욕구도 다르다. 따라서, 같은 욕구여도 충족되지 않았거나 충족되었을 때도 다른 감정을 느낀다. 우리는 자기감정을 잘 들여다보면, 내게 결핍된 욕구가 무엇인지, 나의 삶에서 충족하고 싶은 가치는 무엇인지를 짐작할 수 있다. 하지만 그것은 동일하지 않다.

『피터 팬』의 작가 제임스 배리James Matthew Barrie에게는 여덟 명의 형들이 있었다. 제임스의 회고록에 따르면, 자신은 왜소한 체격이었지만, 그의 형인 데이비드는 공부도 잘하고 건장한 체격이었다고 한다. 그의 엄마는 데이비드 형을 유난히 사랑했다고 한다. 그런데 데이비드가 14세를 앞둔 어느 해 겨울에 스케이트를 타다가 넘어져 불행히도 뇌진탕으로 사망하게 된다. 그때 제임스는 6세였다. 그의 어머니는 데이비드를 잃고 실의에 빠진 채 침대에서 거의 일어나지도 못했다고 한다. 어린 나이였던 제임스도 형을 잃은 게 무척 슬펐다. 어느 날 밤 악몽을 꾼 어린 제임스는 무서운 마음이 들어 엄마의 침실로 찾아갔다고 한다. 그런데 인기척을 느낀 엄마가 이렇게 말했다. "데이비드니?" 엄마가 죽은 형의 이름을 부른 거였다. 그래서 어린 제임스는 "아니요, 제임스예요"라고 대답했다. 데이비드가 아니라는 대답에 엄마는 "오, 안 돼……" 하고는 돌아누워 탄식했다. 그 일에서 어린 제임스는 '나는 엄마에게 형과 같은 존재가 될 수는 없는 거구나……'라고 생각했단다. 이후 제임스는 매일 형의 옷을 입고 형처럼 말하려고 노력했단다. 형이 되고 싶었고, '내가 형처럼 되면 엄마의 상처를 위로해줄 수 있지 않을까' 하고 생각했단다. 어린 제임스는 엄마에게 가장 소중한 아들이고 싶었던 것이다.

제임스의 엄마가 한숨을 쉬며 돌아누웠을 때 제임스가 느꼈던 감정은 무엇일까? 누구나 자신이 좋아하는 사람에게 거절당하면 마음에 큰 상처를 받아 고통받는다는 연구 결과가 있다. 마찬가지로 어린 제임스도 사랑하는 엄마에게 거절당하여 여러 감정을 느꼈을 것이다. '사랑과 소속감에 대한 욕구'가 결핍되어 슬펐을 것이고, 동시에 악몽을 꾼 자신을 돌보아주지 않는 엄마에게 실망감과 화도 느꼈을 것이다. 그러면서도 어린 제임스는 자신이 엄마에게 사랑받고, 모자(母子) 관계의 소속감을 느끼려면 자신이 형처럼 되어야 한다고 생각했던 것 같다.

　제임스의 엄마에게 죽은 아들인 데이비드는 영원히 열네 살일 것이다. 엄마에게 데이비드는 더는 자라지 않는 아들이다. 그런 엄마에게 영원히 죽지 않는 아들을 선물하고 싶은 제임스의 마음이, 그런 엄마에게 자신도 사랑하는 아들로 인정을 받고 싶은 제임스의 마음이 훗날『피터 팬』을 낳은 동기가 아닐까? 작가 제임스에게는 그날 밤의 일이 일생의 과업이 된 것은 아니었을까? 그 과정에서 제임스의 여러 감정이 제임스가 충족하고 싶었던 욕구를 일깨워주었던 것은 아닐까? 이처럼 누구나 자기감정을 통해 충족되지 않은 자신의 삶의 중요한 가치를 인식하게 된다.

12
옳지도, 그르지도 않은 '감정'

감정은 삶의 가치를 타인과 소통하고 추구할 수 있도록 자신을 돕는다. 그런데 모임에 나가고 싶지 않은 마음이 강하게 들 때가 있다. 그런 까닭은 다양하겠지만, 예컨대 친구들이 나를 함부로 대하는 것 같고, 내가 중요한 존재가 아닌 것 같고, 나를 챙겨주는 사람도 없는 것 같은 생각이 들 때도 그렇다. 그러면 슬프기도 하고 짜증이 나기도 한다. 모임에 나가지 않고 집에 있고 싶어진다. 그때 느끼는 감정은 화, 슬픔, 비참함 등일 것이다. 이러한 감정은 친구들이 나를 존중하기를 바라는 마음, 내가 중요한 사람으로 인정받고 싶은 마음과는 다른 현실 인식에서 비롯한다. 그래서 누구에게나 감정은 정직하다. 자기감정은 자신이 잘 살펴보면 투명하게 자신의 가치관을 비쳐준다. 그런 자기 가치관이 반영된 자기감정은 자신이 원하는 것이 무엇인지 인식하게 하고, 그것을 타인과 소통을 할 수 있게 도와준다.

자신이 원하는 것이 무엇인지 인식하는 것을 방해하는 감정도 있을까? 이를테면 '화'가 그럴까? 버럭 화를 잘 내는 사람은 자기감정을 조절하지 못한다고 비난받거나, 심하면 모임에서는 소외되고 회사에서는 해고될 수도 있다. 불안감이 과도해서 아이를 아예 집 밖에 내보내지 않으려는 부모도 있다. 이런 경우, 화나 불안의 감정은 자신의 삶을 돕기는커녕 방해하는 것이지 않느냐고 생각할 수 있다. 이 대목에서 중요한 건 감정 표출의 '적절한 때와 장소'를 생각하는 것이다. 감정 자체는 아무런 문제가 없다. 감정 자체는 옳지도 그르지도 않다. 기쁨 같은 어떤 감정은 옳고, 슬픔 같은 또 다른 감정은 그르다고 여기는 것은 마치 물은 옳고 불은 그르다고 생각하는 것과 같다. 어떤 감정이든 감정은 그저 누군가가 어떤 환경에서 인과관계를 갖고 생겨난 무형의 존재일 따름이다. 하지만 그런 감정을 표출하는 문제에는 적절함과 부적절함이 있다. 즉 자기감정을 바깥으로 표출하는 문제에는 적절한 때와 장소가 있고 적절하지 않은 때와 장소가 있어서 따로 구별된다. 그래서 자기감정인 화를 아무 때나 버럭 내는 것은 자기 삶에 나쁜 결과를 낳을 수 있지만, 내가 화났다는 것을 경험하고 스스로 알아차리는 것은 자기 삶에 매우 중요한 인식을 확인시켜 주는 일이다. 그러므로 자기감정을 알아차리는 것과 그 감정을 표현하는 것, 이 두 가지를 분리하여 적절히 대처해야 한다.

내게는 두 살 터울의 형제 자녀가 있다. 초등학교에 입학하기 전이었던 이 두 아이는 종종 다투었다. 동생은 자기 장난감 말고 형의 장난감을 갖고 놀고 싶어 했지만, 형은 절대로 허락하지 않았다. 형은 그 장난감을 자기 보물 1호라고 선언할 정도여서 잠잘 때도 숨겨놓곤 했다. 동생도 그 장난감을 탐내했기에 동생은 그것을 어디에 숨겼는지를 알아내고는 자기가 먼저 일어나서 그걸 꺼내놓고 놀았다. 그 소리를 듣고 벌떡 일어난 형은 서둘러 그 장난감을 가로챘다. "내 거야. 만지지 마." 그러면 동생은 자기도 모르게 순간적으로 형을 밀치며 빼앗긴 장난감을 되찾으려고 했다. 그 상황이 되면 형은 그 장난감을 들고 아빠에게 달려와 이른다. "아빠, 얘가 나 때렸어. 이거 내 장난감이야. 너, 형을 때리면 어떡해!" 이러면서 울었다. 그러면 동생은 아빠의 눈치를 살피다가 다시 형에게 달려드는데, 그러면서 형처럼 울었다.

이 상황에서 부모는 "둘 다 조용히 해. 그 장난감 내놔, 갖다 버리게"라고 말하면서 그 장난감을 빼앗아 실제로 버리는 시늉을 할 수도 있다. 그러면서 그 형제에게 다그칠 수 있다. 형한테는 "너만 가지고 놀라고 사 준 거야?" 하고, 동생에게는 "어디 형한테 덤벼?" 하며 혼낼 수도 있다. 그러고 나면 아침부터 아이들도, 부모도 기분이 상한다.

이 상황의 형제 아이의 상호작용을 보자. 우선 형은 화가 났다. 자기가 애지중지하는 장난감을 동생이 허락도 없

이 가지고 놀았을뿐더러, 형인 자신을 동생이 밀쳤기 때문이다. 동생도 화가 났다. 자신에게는 없는 장난감을 잠시 가지고 놀았을 따름인데, 충분히 놀지 못한 장난감을 형이 무작정 빼앗을뿐더러, 아빠에게 고자질했기 때문이다. 그런데 두 아이의 그 '화'의 감정을 살펴보면 각각의 '화'가 전하는 메시지는 서로 다르다. 형의 감정이 전하는 메시지는 '그 장난감은 나의 것이다, 나는 내 것을 지키고 싶다. 그런데 그것이 지켜지지 않았다.' 또 '나는 형이다. 그러므로 형으로 대우받고 싶다. 그런데 그것이 지켜지지 않았다'이다. 이런 의식은 전혀 잘못된 것이 아니다. 아이의 감정이 자신에게 전달하는 이런 메시지는 전혀 잘못되지 않았다. 한편 동생의 감정이 전하는 메시지는 '나도 형의 장난감을 만지며 놀고 싶다. 그 장난감이야말로 내가 원하는 장난감이다. 그런데 형은 그것을 빌려주지 않는다.' 또 '사실은 형을 일부러 밀친 게 아니다. 형이 무례하게 가로채서 나도 모르게 밀치게 된 것뿐이다. 그래서 나도 속상하다'이다. 이런 감정의 메시지도 전혀 잘못되지 않았다. 결국 두 아이 모두 자기감정이 자신에게 전달한 메시지에는 잘못된 것이 없다.

그럼, 무엇이 잘못되어 아이들과 부모 모두 아침부

터 기분이 상하게 된 걸까? 잘못은 방식에 있다. 즉, 두 아이 모두 자기감정이 자신에게 전달한 메시지의 핵심인 '가치'와 '목적'을 달성하려는 방식에 잘못이 있었던 것이다. 두 아이는 아빠에게 이르고, 소리 지르거나 밀치는 방식으로 자기 가치와 목적을 달성하려고 했던 것이다. 그러면 이미 벌어진 이런 상황에서 부모는 어떻게 대처해야 할까? 부모는 두 아이를 잠시 떨어뜨려 놓는다. 그러고는 형에게는 "너 진짜 속상하겠다. 네 장난감인데 동생이 만지면 얼마나 속상하겠냐" 하고 말해준다. 그리고 동생한테는 "네가 일부러 형을 밀치려는 건 아니었는데 어쩌다 보니 그렇게 되어서 너도 많이 속상하겠다"라고 말해준다. 이 말들은 형과 동생을 편 들어주는 게 아니다. 형과 동생의 감정의 메시지를 대신 읽어주는 것이다. 그러면 두 아이는 어떤 반응을 나타낼까? 아이들이 어려서 잘 알아듣지 못할까? 그렇지 않다. 두 아이에게 따로따로 진정성을 보이며 이렇게 얘기해주면 아이들은 자기감정이 이해받았다는 느낌을 받게 된다. 그래서 자기의 격한 감정을 누그러뜨릴 수 있다. 울음도 멈추게 된다. 그것은 임무를 완수한 자기감정이 가라앉았다는 증거이다. 자기감정이 전달한 메시지를 남들도 이해했음을 확인했기 때문에 가능한 일이다. 그러고 나면, 아이들도 자기감정의 메시지를 해결하는 방식에 문제가 있었다는 것을 알아차릴 수 있다. 그렇게 다투지 않고도, 서로 기분 상하지 않고도 삶을 적절히 살아가는 방법을 조금씩 배워나갈 수 있는 것이다. 이처럼 나이가 어릴수록 자기감정을 다른 사람이 이해했다는 것을 알아차리면 화난 감정이 금세 진정된다. 아이들의 마음은 그만큼 맑다.

　　아이가 다칠까 봐 집 밖에 못 내보내겠다면서 과도하게 불안해하는 엄마의 객관적인 상황은 무엇일까? 불안감은 필요한 감정이다. 죽음이나 사고당하는 것에 불안을 느끼는 것은 생존에 필요한 감정의 작용이다. 그래서 자신의 자녀가 다칠까 봐 불안한 것은 정상이다. 불과 몇십 년 전만 해도 유아 사망률은 높았다. 수면 중 푹신한 침대에서 질식사를 하는 경우도 있었고, 콜레라 같은 전염병으로 사망하는 유아도 적지 않았다. 이런 여러 불행한 경험의 유전자가 몸에 새겨진 인류는 아이의 죽음의 가능성에 대해 민감하게 경계하면서 아이를 보호하게 되었다. 따라서, 엄마의 그런 불안은 의미 있는 감정이다. 다만 그 의미 있는 감정에 대해 대처하는 데 문제가 생길 수 있다. 그럼, 최대한 문제가 생기지 않게 대처하려면 어떻게 해야 할까? 그때 필요한 의식 활동이 '이성'이다. 이성은 자기감정이 자기에게 보내는 메시지의 가치를 깨닫고, 그 가치를 효과적으로 통합하는 역할을 한다. 이 책의 9장에서도 언급했듯이, 자기감정은 자신이 어떤 이유로, 어떤 목적지를 향해야 하는지를 자신에게 알려주고, 이성은 그러기 위해서 어떤 경로를 통해야 할지, 그 길을 모색하는 역할을 하는 것이다. 그러려면 그 엄마의 경우, 엄마의 이성이 자기감정의 메시지를 읽어야 한다. 불안한 감정의 그 메시지는 이렇다. '내 아이가 집 밖에 나가서 놀다가 다칠 수 있다.' '엄마인 나는 그럴 상황이 벌어질까 봐 걱정된다.' 그 엄마에게는 '자녀의 안전'이 중요한 가치이다. 그래서 아이를 집 밖에 내보내지 않으려고 노력한다. 그런데 그게 끝이 아니다. 그럼에도 그 엄마는 불안한 것이다. 자기감정의 또 다른 메시지가 있기 때문이다. '내 아이도 우리 사회의 구성원인데, 사회는 서로 어울려 사는 것인데, 내 아이가 집 안에서만 자라면 나중에는 인간관계에도 교육에도 문제가 생길 것 같다.' 그러면, 그 불안의 감정이 보낸 두 메시지를 알아차린 이성이 작동할 수 있다. 이성은 그 두 메시지가 주는 가치를 실현할 방법을 찾는다. 이를테면, '아이가 놀이터에서 놀 때는 반드시 엄마가 지켜본다.' '원아를 잘 돌보아주는, 평판 좋은 어린이집을 알아보고 그곳에 내 아이를 보낸다.' 이런 이성의 의식 활동은 실제로 바깥 활동이 아이에게 얼마나 위험한 일을 초래할 것인지를 차근차근 생각할 기회를 준다. 내 아이가 바깥에서 위험에 노출될 가능성이 조금은 있더라도 아이의 사회적 성장을 위해서는 그래도 바깥 활동을 시키는 것이 낫다는 판단은 아이의 육아 가치를 이루는 길을 모색하는 과정에서 도출될 수 있다. 그것은 이성이 불안한 감정의 메시지를 잘 살펴 듣고 적절히 보듬는 과정에서 발휘될 수 있다. 그런 의식 활동은 이성이 감정을 통제함으로써 성취되는 것이 아니다. 이성은 감정이 가리키는 가치와 목적의 방향을 알아차리지 못하면 그 길을 찾아낼 수 없다. 그래서 오히려 감정과 이성은 서로 도우며 균형을 맞출 때 최적의 기능을 발휘한다. 만약에 감정의 메시지가 가리키는 가치와 목적이 자기 자신과 너무 동떨어져 있다면, 그 감정은 고통스러워할 것이다. 그래도 이성이라는 의식 활동은 그 고통을 받아들이고 마침내 가야 할 길로 자기 주인을 인도한다. 그러니 얼마나 다행인가.

13
슬픔의 다양한 기능

이 장부터는 영화로 치면 주연에 해당하는 감정들에 대하여 하나씩 살펴보겠다. 그 첫 번째 주인공은 '슬픔'이다. 요절한 가수 김광석의 노래에는 짙은 슬픔이 배어 있다. 95학번인 나는 대학생 때 그의 노래를 매우 좋아했다. 1996년에 갓 입대했을 때 훈련소에서 <이등병의 편지>를 듣고 동기들이 눈물을 훔쳤던 기억이 내게 남아 있다. "집 떠나와 열차 타고 훈련소로 가던 날, 부모님께 큰절하고 대문 앞을 나설 때……" 당시 신병들은 자신의 처지를 얘기하는 그 노래에 자기 연민으로 공감한 것이다. 그 자기 연민은 슬픔의 감정이었다. 가족, 친구, 연인과 헤어져 3년가량이나 군대 생활을 해야 했으니 그 청춘들은 자신의 신세가 처량하고 슬플 수밖에 없었을 테다.

슬픔은 그 감정을 느끼는 당사자에게 고통을 안겨준다. 그래서 슬픔은 느끼고 싶지 않거나 위험한 감정이라고 생각할 수도 있겠다. 하지만 슬픔에는 우리의 삶에 꼭 필요한 메시지가 담겨 있다. 그래서 슬픔은 매우 중요한 감정이다. 도대체 슬픔에 무슨 메시지가 담겨 있길래 매우 중요한 감정인 것인가?

미겔 데 우나무노Miguel de Unamuno라는 스페인의 철학자이자 소설가가 있다. 그는 실존주의를 대표하는 작가로 불린다. 그는 이성보다는 감정적 삶을 중요하게 생각했던 인물이다. 그는 『삶의 비극적 감정』*Tragic Sense of Life*이라는 책으로 자신의 사상을 알리면서 더욱 유명해졌다. 그 책에 이런 장면이 나온다. 노인이 길가에 앉아 울고 있었다. 지나가던 젊은이가 그 모습을 보고는 물었다. "할아버지, 왜 울고 계세요?" 그러자 노인은 대답했다. "젊은이, 내 아들이 죽었다우. 내 아들의 죽음에 대해 우는 것이오." 그러자 젊은이는 이렇게 말했다. "이미 죽었는데 우는 것이 무슨 도움이 되나요? 당신의 아들은 이미 죽었는데……." 노인은 이렇게 대답한다.

나는 울음이 무언가를 해결하지 않기 때문에 우는 것이오. 우리는 역경을 그저 해결하는 게 아니라, 역경에 대해 우는 법을 배워야 하오. (I weep precisely because weeping avail nothing. We must learn how to weep for the plague, not just cure it.)

울음은 슬픔의 표상이다. 노인의 말대로라면, 슬픔에는 효용성이 없다. 하지만 그 쓸모없음이, 그 쓸모없음의 가치가 오히려 역경을 정직하게 만나게 하는 태도를 가르쳐준다. 그 노인에게 그 정직한 만남은 무엇일까? 그것은 '사랑하는 자식을 그리워하는 마음'의 메시지일 것이다. 그래서 그 작품의 작가 우나무노는 비극이란 비관주의도 아니고 음침한 무언가도 아니라고 이야기한다. 비극을 통해 우리는 무엇이 우리에게 중요한지 깨닫게 된다. 따라서, 우리에게 중요한 것은 '울음의 대상'이 아니라, '울음 그 자체'이다. 우리의 삶을 뜻있게 하는 것은 '슬픔의 대상'이 아니라 '슬픔 그 자체'이다.

작가 우나무노는 또 이렇게 말한다. "내가 혼자가 아

니라는 사실을 알고 싶기 때문에 운다는 인식을 가지고 있다.” 즉, 내가 울음을 우는 것은 그 행위를 통해 내 감정을 공유하고 싶기 때문이라는 것이다. 우나무노의 이런 통찰은 심리학에서도 많은 연구를 통해 밝혀지고 있다. 임상심리학자로서 나는 심리치료 과정에서 이런 일들이 그대로 일어난다는 것을 잘 알고 있다. 내담자가 내 앞에서 울기도 하고, 화를 내기도 하고, 죄책감에 시달리기도 한다. 이때 내담자가 꼭 경험해야 하는 것이 있다. 그것은 자신의 감정

이 치료자에게 전해지고 있다는 것이고, 치료자가 자신의 감정을 듣고 이해하고 있다는 것이며, 자신의 감정의 메시지가 목적을 달성할 수 있도록 치료자가 적극적으로 도와주려고 한다는 것이다. 바로 그 '느낌'feeling이다. 이런 인식을 내담자가 갖게 되면 비로소 변화가 시작된다. 울음도 그런 의미에서 강력한 힘이 있다. 울음은 상대방에게 내가 어떤 감정을 가지고 있는지를 전달하고 공유하게 하는 데 큰 힘을 발휘하는 매개이다. 우는 행위를 통해 우리는 우리가 느끼는 슬픔의 목적의 일부를 달성할 수 있다.

정서 훈련에 활용하는 비디오 영상을 예로 들어보겠다. 한 남자가 여자친구에게 "어젯밤 해피(강아지)가 죽었어"라고 말한다. 그러자 상대방 여성이 "어떡해, 정말 속상하겠다" 하고 공감해준다. 이런 공감이 형성되면 그 남자의 몸짓과 목소리에서 긴장감이 조금 완화됨을 볼 수 있다. '기쁨은 나누면 두 배가 되고, 슬픔은 나누면 절반이 된다'는 격언이 있듯이, 우리가 속상한 일이 생겨서 눈물이 그렁그렁할 때 친구들이 공감해주고 위로해주면 실제로 마음의 고통이 다소 줄어든다.

레바논 태생의 작가 칼릴 지브란Kahlil Gibran의 산문시

「기쁨과 슬픔에 대하여」에는 슬픔의 기능이 잘 나타나 있다.

> 그대들이여, 기쁠 때 마음속 깊은 곳을 들여다보라. 그러면 알게 되리라. 그대들에게 기쁨을 주었던 바로 그것이 그대들에게 슬픔을 주었음을. 그대들이여, 슬플 때에도 또다시 마음속을 들여다보라. 그러면 기쁨을 주었던 바로 그것 때문에 지금 울고 있음을 알게 되리라.

이처럼, 슬플 때 자기 마음을 가만히 들여다보면, 내게 즐거움을 주었던 대상이나 나에게 소중한 무언가를 상실했다는 것을 알게 된다. 그래서 슬픔은 외로움의 감정과도 관련 있다. '어리석다'는 뜻인 영어 단어 'idiot'의 어원은 외로움과 관련 있다. 그것은 '다른 사람들로부터 격리된 사람들'somebody withdrawn from others을 의미한다. 즉, 사회 구성원이 되지 못하는 존재를 'idiot'이라고 일컬었다고 한다. 그런 상태에서는 누구나 당연히 외로움을 느낀다. 그런 상태에서는 누구나 사회에서 격리되지 않고 사람들과 유대하고 싶다는 강렬한 욕구가 생긴다. 그런데도 흔히 사람들은 자신이 외로워하는 것은 창피한 일이라고 생각한다. 외로움의 감정은 단지 사람들과 온전한 관계를 맺고 싶은 내면의 메시지를 담고 있다.

슬픔에는 공감을 돕는 기능도 있다. 『프론티어즈 심리학 저널』*Frontiers in Psychology*(2016년)에 실렸던 한 논문에 따르면, 슬픈 음악에 감동받는 정도는 '공감 능력'과 관련이 있다. 그 연구자는 사람들이 거의 들어보지 못한 생소한 슬픈 음악을 선곡했다. 그리고 그 음악을 처음 들은 사람들이 얼마나 감동하는지, 얼마나 호응하는지를 조사했다. 그 사람들의 공감 정도를 측정했다. 그 음악이 좋았다는 사람들, 그저 그랬다는 사람들, 별로였다는 사람들로 구별해보았다. 그랬더니 '좋았다'는 사람들은 공감 지수가 꽤 높았고, '그저 그랬다'는 사람들의 공감 지수는 중간 정도였고, '별로였다'는 사람들은 공감 지수가 낮았다. 즉, 슬픈 음악에 감동하는 정도가 공감 능력과 상관관계를 나타냈다.

호주의 사회심리학자 조셉 포가스Joseph Forgas 박사는 슬픈 감정이 겸손에 미치는 효과에 대해 연구했다. 그는 실험에 참여한 사람들에게 단편영화 세 편을 보여주었다. 한 편은 행복한 기분을 유도하는 영화였고, 또 한 편은 중립적인 영화였고, 나머지 한 편은 슬픈 기분을 유도하는 영화였다. 그리고 나서 어떤 기분이 들었는지 실험 참여자들에게 물었다. 그러면서 연구자는 실험 참여자들에게 특별한 부탁을 했다. 그 부탁은, 참여자마다 옆방으로 가서 초면인 조교에게 어떤 자료를 달라고 요청하라는 것이었다. 그러고는 실험 참여자가 옆방에 가서 실제로 조교에게 자료를 부탁하는 현장 상황을 녹화했다. 연구자는 그 녹화 영상들을 보고 실험 참여자가 얼마나 겸손하게 혹은 무례하게 조교에게 부탁했는지를 분석했다. 그 결과, 행복한 기분을 유도한 영화를 본 참가자의 태도가 가장 겸손하지 않았다. 어떤 실험 참여자는 무례하기까지 했다. 반면에, 슬픈 기분을 유도하는 영화를 본 실험 참여자들은 비교적 겸손했다. 그들은 'please'나 'would you'와 같은 정중한 용어를 사용하는 빈도가 높았다. 실험 참여자의 슬픈 기분이 상대방의 감정을 상하게 할까 봐 배려하는 행동을 보인 것이다.

한 내담자는 자신이 우는 모습을 친구에게 절대 보이지 않는다고 말했다. 그 내담자는 상담 초반에는 상담자 앞에서도 눈물을 보이는 것을 힘들어 했다. 그렇게 몇 차례 상담이 진행되었다. 그리고 얼마 후, 그 내담자는 최근 자신이 경험한 얘기를 들려주었다. 그것은 며칠 전에 자신이 믿을 만한 친구와 얘기하다가 울컥 했을 때 참지 않고 눈물을 흘려봤다는 말이었다. 예전에는 참으려고만 했는데 막상 친구에게 눈물을 보이고 나니, 자신이 눈물에 대해 멋쩍어했던 마음이 사라졌다고 말했다. 친구가 자신을 위로해주고 지지해주었던 것이다. 그 내담자는 친구가 자신을 이해해줘서 위로받았을 뿐만 아니라 친구와 더 가까워진 느낌을 받았다고 말했다. 슬픔은 이렇게 사람과 사람 사이의 이해를 이끌어낸다.

슬픔에는 또 다른 기능이 있다. 슬픔은 현상을 냉철하게 응시하도록 돕는다. 평소에 우리는 자기에게 유리한 방식으로 생각하곤 한다. 이를 '자기 위주 편향'이라고 한다. 그래서 자신이 좀 멋있어 보이고, 예뻐 보이고, 자기 능력이 실제보다 더 있어 보인다. 누구나 약간은 '자기 위주 편향'을 가지고 있다. 자신의 잠재 능력까지 현실의 실제 능력에 보태어 평가하는 것이다. 그래서 때로는 나쁜 일이 생기면 남 탓이라고 생각하고, 좋은 일이 생기면 내 덕이라고 여긴다. 하지만 슬픈 기분에서는 평소보다 상황을 냉철하게 보면서, 혹시 '내 탓인가?' 하는 마음이 생기곤 한다. 왜 그럴까? 슬픔의 감정이 삶의 태도를 진지하게 하는 것은 아닐까? 그 진지한 마음이 자신의 판단을 침착한 쪽으로 이끄는 것은 아닐까? 그러는 동안 자신의 부족한 면을 발견하고, 그리하여 잘못되었던 인간관계를 개선하는 힘이 생기는 것은 아닐까? 그래서 슬픔은 자기 발전의 동기를 부여한다.

14
슬픔을 대하는 태도

우울증 치료를 위해 상담실에 왔음에도 변화를 거부하는 사람이 있었다. 알고 보니 그분은 우울증의 고통을 피하고 싶었지만, 동시에 우울증 치료에 대한 죄책감을 갖고 있었다. 5년 전, 그분이 운전했던 차 안에서 본인의 두 살배기 아기가 교통사고로 숨진 사고가 있었다. 그 후 그분은 우울증을 앓아왔다. 몇 해가 지나서 그분은 우울증에서 벗어나려고 했지만 그러지 못해 상담실로 찾아왔던 것이다. 하지만 그분은 우울증 치료에 적극적이지 않았다. 우울증 증상도 완화되지 못했다. 그분에게 말했다. "이 테이블 위에 마법의 버튼이 있다고 상상해보세요. 이 버튼을 누르면 우울증이 사라집니다. 누르시겠습니까?" 그분은 멈칫하였다.

나는 멈칫하는 이유가 무엇인지 물었다. 그분은 눈물을 보이며, 자신의 우울증이 나으면 자신이 파렴치한이 되는 것 같다고 대답했다. 덧붙여, 자식을 죽였으니 대가를 치러야 하는데, 어떻게 웃고 다니고, 맛있는 것 먹고 지낼 수 있겠느냐고 말했다. 그 말을 들으며 나도 부모로서 마음 아팠다. 주변 사람들이 그분한테 '충분히 아파했으니 그 정도면 죄책감을 느끼지 않아도 된다' '당신의 아기도 당신이 행복해지길 원할 것이다' '당신의 죄가 아니다' 이런 이야기를 했을 것이다. 하지만 그분한테 그런 말들이 도움도 안 되고 해결책도 안 되었을 것이다. 그분은 슬픔이 너무 고통스러워 그 고통에서 벗어나고 싶었지만, 동시에 자신에게 슬픔의 고통이 없어지면 자신이 세상을 뜬 아기에게 죄를 짓는다고 생각했다. 그러면서 슬픔의 감정도 죄책감도, 때로는 즐거운 감정도 모두 억압하며 어쩔 줄 몰라 하고 있었던 것이다. 그런데 역설적이게도 그 억압의 집착이 아기에 대해 진정한 애도를 방해하고 있었던 것이다. 감정은 없애거나 억압하거나 극복해야 할 대상이 아니라, 살펴서 느끼고 경험해야 할 대상이라는 것을 안타깝게도 알아차리지 못한 것이다. 그러므로 그분에게 필요한 것은 슬퍼하는 법 배우기, 감정을 억누르지 않고 아기를 진심으로 애도하기였다. 그것은 아기가 생각나서 정말 슬퍼하는 것, 우리 아기가 정말 나에게 소중한 존재였다고 느끼는 것, 아기와의 추억도 때때로 떠올려보는 것이다. 그러기까지, 상당히 고통스럽기 때문에 심리치료를 천천히 진행해나갔다. 그분은 자기 감정을 일부러 조절하려고 하지 않고 여러 감정을 허락하고 느끼는 법을 연습했다.

로버트 리히 박사가 자신의 저서 『정서도식치료 매뉴얼: 심리치료에서의 정서 조절』*Emotion Regulation in Psychotherapy*에 다음과 같은 심리치료 사례를 소개했다. 그것은 40여 년간 동고동락했던 부인이 암 투병 끝에 숨지는 바람에 슬픔에서 벗어나지 못하고 있던 한 노 신사의 사례이다. 인용해보겠다.

치료자: 아내분을 떠나보낸 지 몇 년이나 지났지만 여전히 슬픔에서 벗어나지 못하고 있다고 말씀하신 것 같아요.

내담자: 네. 맞아요. 극복할 수 없네요. 아내가 암 투병을 오래했고, 그 기간에 아내가 너무나도 힘들어 했던

것을 알고 있어서……. 하늘나라에 간 것이 오히려 아내에게는 축복이라고 생각을 합니다만…… 그래도 그런 생각으로는 극복이 안 되네요. 지난 6개월이 특히 힘들었어요.

치료자: 아내분과 생활하신 지 40여 년이 지났고, 아내분에 대한 사랑, 기억, 여러 의미가 아내분과 함께한 삶에 녹아 있잖아요. 저는 선생님이 아내분과 사별한 것을 극복해야 할 필요가 있는지 궁금합니다.

내담자: 그럼…… 제가 어떻게 제 인생을 살 수 있죠?

치료자: 이렇게 생각해보면 어떨까요? 사별에 대해 생각하는 것이 물론 고통스럽겠지만, 저는 선생님께 이렇게 생각하시길 권해드리고 싶어요. '내가 아내와 사별한 것을 극복할 필요는 없다'라고요. 그리고 선생님이 아내분과 사별했다는 생각이 들 때는 슬픔을 느낄 수 있으면 좋겠어요. 저는 선생님이 사별을 극복하거나 사별에 대한 마음을 접으려고 노력하지 말고, 계속 열어두기를 바라요. 선생님의 인생이 현재는 사별을 담아두기 어렵겠지만, 선생님 인생의 크기를 넓혀서 사별을 담아둘 만큼 크게 만들어두는 것을 상상해

보셨으면 좋겠어요. 이런 방식으로 아내분과 함께했던 멋지고 행복했던 순간들을 기억하면서, 아내분이 옆에 없다는 현실이 슬프다는 것을 느끼는 것이죠. 그럼으로써 결국 선생님 마음은 아내분을 잃지 않는 겁니다.

내담자: (울먹이며) 그 말이 위로가 되네요. 맞아요. 저는 계속 아내와의 사별을 극복하려고 부단히 노력해왔어요.

치료자: 고통을 끝내려는 것이 아니라, 고통을 받을 만큼 가치 있는 그런 인생을 사는 것이죠.

내담자: 제 아내는 제가 제 삶을 살기를 원할 거예요.

치료자: 선생님의 삶을 살면서, 동시에 선생님 안에 아내분에 대한 기억을 함께 간직하고 있는 것이죠. 사별의 슬픈 고통과 함께 다른 여러 감정도 선생님 마음속에 담는 것이에요. 즉, 아내분에 대한 기억과 선생님 삶의 의미가 주는 기쁨을 포함해서 말이죠. 선생님의 삶 안에는 아내분에 대한 상실, 아내분과 나눈 멋진 경험에 대한 기억이 함께 담기는 것이고요.

슬픔은 고통스럽다. 그래서 사람들은 슬픔을 억압하거

나 느끼지 않으려고 노력한다. 하지만 오히려 슬픔을 느끼고 보듬는 방법을 배워야 한다. 슬픔은 나의 삶에 매우 중요한 사람이나 대상이 있음을 알도록 도와주고, 그와 적절히 관계 맺는 방법을 알려주기 때문이다. 앞의 사례로 말하면, 슬픔의 감정은 사별한 부인이 나의 인생에 얼마나 중요한지, 그리고 사별한 부인과 지속적으로 관계를 맺는 법을 알도록 도와주는 것이다.

타인에 대한 슬픔도 마찬가지이다. 2014년 4월 16일에 세월호 참사가 일어났을 때 전 국민은 큰 충격을 받았다. 그 참사는 사회적 우울증이 생겨날 만큼 큰 사건이었다. 그럼에도 진상은 밝혀지지 않았고, 노력했지만 시신도 다 발견하지는 못했다. 그렇게 한 해가 지나 새봄을 맞았을 무렵, 혹자들은 말했다. '이제는 충분하다. 그만 잊자'고. 그 사회적 슬픔도 억압하거나 느끼지 않으려고 노력하면 안 된다. 그 사건이 우리 사회의 매우 아픈 통증이라는 이유로, 그래서 '그만 아파하자'며 회피하면 안 된다. 그것은 다시는 일어나지 않아야 하는 아픈 역사이므로 오히려 마음속에 기억하고, 해마다 희생자들을 기념하고, 유가족들을 위로하고, 그 사회적 슬픔을 존중하며 이해해야 한다. 그것은 우리가 해마다 삼일절과 광주민주화항쟁과 현충일을 기념하는 것과 다르지 않다. 그러한 태도가 그 역사적 슬픔을 제대로 만나는 것이다. 그리고 그것은 나의 슬픔을 자신이 온전히 느끼는 것을 허락하고, 이해하고, 존중하는 것과 다르지 않다. 그런 일련의 인식이 자연스레 연결되어 흐를 때 비로소 '슬픔'이라는 감정을 제대로 마주할 수 있게 되는 것이다.

꾸준한 운동이 뇌에 끼치는 효과

우리의 뇌에 자리한 해마는 '스트레스 호르몬'이라고 알려진 코르티졸 수용체가 밀집한 곳이다. 스트레스를 민감하게 포착해 스트레스에 대한 반응 여부를 결정하는 곳이 바로 해마이다. 그런 해마가 기능을 잘하면 스트레스를 감지했을 때 그것을 완화하는 기제를 작동시키지만, 너무 큰 스트레스에 노출되어 코르티졸이 과다 분비되면 제 기능을 못 하게 된다. 그런데 우리가 규칙적인 운동을 하면 해마의 수용체들을 키우는 '뇌유래신경성장인자'가 활성화된다. 즉, 규칙적인 운동은 코르티졸 수용체를 건강하게 만들어 스트레스를 감지하고 조절하는 능력을 키워준다.

또한 규칙적인 운동은 전전두엽의 기능을 강화한다. 전전두엽은 우리가 계획을 세우거나 계획한 일을 실행하는 데 관여할 뿐 아니라, 우리가 외부 요소에 방해받지 않고 어떤 일을 지속적으로 할 수 있게 하는 인지 기능과도 밀접한 관련이 있다. 그리고 전전두엽은 감정을 조절하는 역할도 한다. 나이가 들면 전전두엽의 기능이 약화된다고 한다. 하지만 꾸준한 운동이 전전두엽의 기능을 보존하는 데 효과가 있다는 연구 보고가 늘고 있다.

기억 시스템은 해마, 내측 전전두엽 등의 뇌 부위와 관련 있다. 우리의 뇌는 매우 많은 기억을 저장하고 있다. 이와 관련된 뇌 부위를 꾸준히 자극하고 활성화하는 활동을 하면 기억 시스템이 재건된다. 우울증에 대한 심리치료인 '자서전적 기억 훈련'(autobiographical memory training)은 감정과 관련된 특정한 기억을 회상하게 한다. 예컨대, '자전거'와 관련된 기억을 떠올려보는 것부터 시작하여, '감사'와 관련된 기억, '외로움'과 관련된 기억 등을 구체적으로 떠올리게 돕는다. 연구 결과, '자서전적 기억 훈련'을 하면 자서전적 기억이 증가할뿐더러 우울 증상도 동시에 경감된다고 한다. 나이가 들수록, 우울할수록 과거의 구체적인 기억들이 희미해진다. 그런데 이런 전문적인 심리치료를 통해 기억을 재건하고 활성화할 수도 있지만, 운동을 꾸준히 하는 것도 기억을 강화하고 뇌를 건강하게 유지하는 데 도움을 준다는 사실을 잊지 말자.

15
'화'는 불공평함을 알리는 메시지

사람들은 언제 화가 날까? 일상에서 화나는 일은 수시로 생긴다. 예컨대, 팀플레이를 할 때 '무임승차'(free riding: 조직의 업무에 기여하지 않고, 남들의 역할을 통해 이득만을 얻는 행위)를 하는 사람을 보면 그의 부당한 행동에 화가 난다. 또한 자신이 무시당했을 때도 화가 많이 난다. 그래서 '화'는 나의 권리, 나의 가치가 배제되거나 무시되는 것에 대한 정당한 감정 반응이다.

2003년 『네이처』에 영장류 학자인 세라 브로스넌Sarah F. Brosnan 박사와 프란스 드왈Frans de Waal 박사가 꼬리감는원숭이capuchin monkey 두 마리를 데리고 실험한 연구 결과가 소개되었다. 연구자들은 그 두 마리 원숭이를 각각 다른 우리case에 두고, 그 두 우리를 옆에 붙여서 서로를 바라볼 수 있게 했다. 그러고 나서 한 원숭이에게는 오이를 주고, 다른 원숭이에게는 포도를 줬다. 원숭이가 오이를 특별히 싫어하는 건 아니지만 달디단 포도를 더 좋아한다. 원숭이가 목이 마르지 않을 때는 오이는 맹물 정도의 중립적인 자극인 셈이다. 반복해서 한 원숭이에게는 오이를 주고, 다른 원숭이에게는 포도를 주었다. 그런데 오이만 받던 원숭이가 어느 순간부터 화를 내기 시작했다. 처음부터 두 마리

15 '화'는 불공평함을 알리는 메시지

모두에게 오이만 줬다면 그냥 받아먹었을 텐데, 자기한테만 오이를 주니까 화가 난 것이다. 즉, 불공평하다고 느낀 것이다. 그래도 한 원숭이에게는 계속 오이만 주었더니, 그 원숭이는 우리를 마구 흔들기도 하고, 자기가 받은 오이를 연구자에게 던지면서 자신의 화를 표출했다. 그러고 보면, '화'는 자신을 존중하려는 가장 기본적인 감정이다.

　이런 일도 생각해보자. 한때 직장 동료였던 두 여성이 아이 엄마가 되어 같은 아파트에서 이웃으로 살게 되었다. 그 두 여성은 바깥일이 생겨 혼자 외출해야 할 때 상대방 아이도 봐주며 서로 편의를 봐주었다. 그런데 한 여성에게는 한 살짜리 아기가 한 명 있었고, 또 다른 여성에게는 세 살짜리와 한 살짜리 아이 두 명이 있었다. 두 아이를 둔 엄마는 처음에는 병원에 갈 때 아이 둘을 다 데리고 갈 수 없어서 그 이웃 여성에게 한 아이는 맡겼다. 그런데 그런 식의 부탁이 점점 늘어났다. 한 아기를 둔 엄마는 초기에는 그러려니 하며 그 부탁을 들어줬는데, 그런 일이 반복되자 '내가 더 많이 도와주는 거 아닌가?' 하는 생각을 하게 되었다. 그러면서 은근히 화가 났다. 그 여성은 생각했다. '나는 한 달에 한두 번만 부탁하는데, 이분은 일주일에 한두 번씩

아이를 봐달라고 한다.' 그 차이가 부당하다고 느껴져 화가 나게 되었다.

이런 사례에서 화가 난 여성은 다르게 생각할 수도 있다. 예컨대, '아니 괜찮아, 뭐 깊게 생각하지 말자' 하는 식으로 스스로의 감정을 모른 체 할 수도 있다. 또는 '뭐 그럴 수도 있지. 괜찮아. 내가 쿨하지 못해서 그런 거 같아' 하는 식으로 생각하게 되면 은근히 화가 났던 자신이 오히려 부끄럽게 느껴지게 된다. 그래서 실제로 화를 내고 나서, 그렇게 화를 낸 것은 내가 나 자신한테 화가 나서 그랬다고 생각하기도 한다. 하지만 이런 상황이 이어지면 결국에는 상대와는 연락을 점점 안 하게 된다. 그래서 상대가 또 부탁을 하면, "내가 오늘 좀 아파서……." 이렇게 둘러대고는 자신도 부탁을 안 하게 된다. 결국 두 사람의 관계가 멀어지게 되는 것이다.

그러니, 화를 참기보다 상대 여성에게 이렇게 얘기하는 건 어떨까? "우리 서로 한 달에 한두 번씩만 부탁하면 어떨까요? ○○ 엄마가 아이가 둘이라서 더 도움이 필요할 텐데…… 저도 한 달에 세 번 이상은 도움을 드리기가 어려운 게 사실이에요. 이렇게 얘기해서 미안하지만, ○○ 엄마랑

앞으로 더 오래 서로 도우면서 함께 아이를 키우고 싶어서 솔직하게 말해요. 속 좁은 저의 말에 호응해주시면 좋겠어요." 그러면, 상대 여성은 아마도 이렇게 화답할 가능성이 적지 않을 것이다. "아뇨, 무슨 말씀을요, 제가 미안해요. 그동안 제가 부탁을 너무 많이 했죠? 지금 하시는 말씀 충분히 이해해요. 이렇게 솔직하게 말씀해주셔서 고마워요." 그러고 나면 불합리한 상황도 해결되고, 좋은 관계도 유지할 수 있게 된다.

'화'는 대부분 불공평하고, 부당하고, 위험을 경계해야하는 상황에서 나타나는 감정이다. 따라서, 화는 바로 그런 상황을 변화시키라는 메시지를 자신에게 전달하는 것이다.

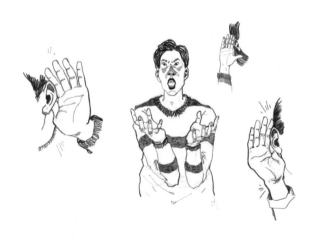

그럼으로써 자기 삶에 긍정적인 결과를 가져올 기회를 제공하는 것이 바로 '화'이다. '불공평하지 않아? 나도 존중받고 싶다고' '내 목소리에 귀를 기울여 줘'라고 화는 자신에게 말하는 것이다.

16
'화'는 자기존중감을 지키라는 메시지

'화'는 나의 권리를 찾고 나의 권리를 유지하려고 나타나는 감정이다. 나와 밀접한 관계에 있는 중요한 사람이 있으면 나는 그 사람과 애착을 가질 권리가 있고 자격이 있다. 직장에서 내가 어떤 직위를 얻기 위해 열심히 일했다면 나는 그 직위에 있을 만한 가치와 권리를 가지고 있다고 생각한다. 이렇듯, 화는 생존을 위한 반응이고, 내 가치를 인정받기 위한 감정이다. 따라서, 화의 메시지를 잘 알아차리고, 잘 보듬어, 적절히 대처한다면 자신의 가치와 자격을 효과적으로 알릴 수 있게 되어 사회에서 인정받을 수 있는 가능성이 높아진다. 화는 내가 사회에서 부당한 상황에 처했을 때 적절한 방식으로 그 부당함을 증명하기를 바란다. 즉,

화는 자기존중감이 위협받는다는 신호를 자신에게 보내며 자기존중감을 보호할 수 있는 방법을 찾으라는 메시지를 자신에게 전달한다.

자기존중감은 자기의 존재 가치에 대한 '사회계기판'sociometer이라고 말할 수 있다. 사회계기판은 사회에 내가 소속될 것인가, 배제될 것인가에 대한 이상 신호를 민감하게 감지한다. 자기존중감에 상처를 입으면 우리는 일차적으로 슬퍼지고 불안해진다. 그런데 그때, 동시에 나타나는 감정이 있다. 그것은 바로 '화'이다. 슬픔과 불안과 화는 여러 색으로 나타나는 빛의 스펙트럼과 같다. 그리고 그 세 가지 '빛깔'의 감정이 나타나게 된 근원에는 상처받은 자기존중감이 존재한다.

'자기존중감'은 인간의 행동 연구에서 가장 주목받는 주제이다. 연구자들이 자기존중감에 깊은 관심을 보이는 까닭은 그것이 심리적으로 자신을 뒤돌아볼 수 있게 하는 기준을 제공하기 때문이다. 그 점은 심리학자 마크 리어리Mark Leary 박사와 그의 동료들이 제시한 '사회계기판이론'sociometer theory에 잘 정리되어 있다. 즉, 자기존중감은 자신이 사회에서 어떤 위치에 어떻게 소속되어 있는지를 알려주는 소속감과 관련이 있다. 그래서 자기존중감은 슬픔과도 밀접한 관련이 있지만, 화의 감정과도 밀접한 관련이 있다. 이 연관관계에서 주목해야 할 점이 있다. 그것은 우리가 자기존중감에 상처를 입었을 때 자기 검열에 도움이 되는 슬픔이나 우울함에는 관심을 갖지만, 화에는 상대적으로 관심을 덜 갖는다는 것이며, 화나는 감정을 오히려 억제하려는 경향이 있다는 것이다. 하지만 자기존중감을 회복하려면 슬픈 감정을 통해 자신을 성찰함으로써 자신을 성장시키는 것도 중요하지만, 주변 환경에 자신의 가치를 주장하도록 하거나 불합리한 환경을 바꾸게 하는 화의 역할도 중요하다는 점을 인식해야 한다.

내가 잘못하지 않았거나 부족하지 않은데도 자신이 부당한 환경(이를테면 따돌림이나 차별을 당하는 환경)에 놓여 화가 나는 경우가 있다. 예컨대, 고압적이고 잘난 체하는 직장 상사에게 화가 난다. 그 상사의 태도가 부당하게 느껴지고, 그 상사에게 나는 위축되고, 굴욕감이 들기 때문이다. 마찬가지로, 남들의 의견을 무시하고 자신의 의견만 우기는 상대에게도 화가 난다. 그런데 그럴 때 화가 나기도 하지만, 동시에 우울감에 휩싸이기도 한다. 자기존중감이 곤두박질치더니 '도대체 내 문제가 뭐야?' '나는 왜 이렇게 화가 나는 거야?' '혹시 내가 무시당할 만큼 하찮은 존재인가?' '화를 내는 내가 잘못된 것인가?' 하는 자기 검열에 빠지는 경우도 있다. 그럴 때에는 잠시 마음을 가라앉히고 자기감정의 화에 귀를 기울여야 한다. 자신의 화가 어떤 메시지를 주는지 알아차리고 화를 다루는 방법을 모색해야 한다.

화가 난 자신의 마음을 가장 가까운 사람이나 친구에게조차도 터놓지 못하는 경우가 있다. 나의 힘든 감정을 얘기하면 친구도 힘들어 할 테고, 결국 모두 나를 비난하거나

나를 떠나면 어쩌나, 하는 걱정을 하기도 한다. 그러다 보면 '나는 너무 요구하는 게 많은 것 같아' 하면서 자신의 화의 감정은 돌보지 않는다. 그럴 때면 권리라는 것은 나에게 어울리지 않는 것 같고, 자신은 그걸 원하지도 않는다고 치부하며, 권리를 되찾는 노력을 기울이기보다는 포기하는 방식으로 대처하기도 한다. 그런 소극적인 행동이 오히려 사람들을 내 곁에 있게 해줄 거라고 막연히 믿게 만든다. 하지만, 내가 포기한 권리는 그 누구도 쉽게 챙겨주지 않는다. 그래서 화는 사라지지 않는다. 그 상태가 이어지면 자기 권리를 지키지 못한 자기 자신이 미워지고, 자기 자신이 초라해지고, 우울해지는 악순환에 빠지게 된다.

학대를 겪은 사람 중에도 이런 악순환의 올가미에 매이는 경우가 있다. 그 올가미에 매인 감정은 자신을 학대한 상대방에 대한 분노와 불안을 느끼지만, 정작 스스로는 '괜찮아, 괜찮아' 하는 것으로 나타난다. 학대당한 상황에 대해 '그건 아무것도 아니야. 내 잘못이었어. 나도 잘못한 게 많아' 이렇게 자책하는 것이다. 성폭력의 피해자 중에는 그 끔찍한 학대 사실에 대해 자신을 책망하는 경우가 드물지 않다. 결국은 그런 자신에게 수치심을 느끼고 자기존중감에 심한 상처를 입는다. 매우 안타까운 일이다. 가학의 주체인 상대에게 분노를 표출하고, 그 상대에 대한 마땅한 처벌을 사회에 요구함으로써 자기존중감을 회복하려고 노력해야 한다. 그럴 때 '화'는 자기존중감의 손상을 알리는 지표이자, 자기존중감을 지킬 수 있는 단서와 기회를 제공한다. 그러므로 화의 감정은 그 원인과 상황을 잘 살펴서 그 메시지를 알아차리고, 적극적으로 보듬어서 적절히 표현할 수 있어야 한다.

17
'화'의 긍정적 작용

"화를 내면 사회에서 소외되거나 배제되는 거 아닌가요?"
이 질문에 대해 스탠퍼드 대학의 라리사 티덴스Larissa Z.
Tiedens 교수가 흥미로운 실험을 진행했다. 1990년대 중반에
미국의 빌 클린턴 대통령과 모니카 르윈스키는 세상을 발
칵 뒤집어놓은 스캔들의 주인공이었다. 당시 법정에서 클
린턴이 직접 변론하는 영상이 있다. 티덴스 교수 팀은 이
실험에 참여한 한 그룹에게는 법정에서 클린턴이 화난 목
소리로 항변하는 장면을 보여주었다. 다른 그룹에게는 클
린턴이 슬픈 표정으로 잘못을 뉘우치는 장면을 보여줬다.
그리고 나서 두 그룹의 실험 참여자들에게 클린턴 대통령
의 탄핵에 대한 의견을 물었다. 결과는 의외였다. 클린턴

이 화난 목소리로 부당함을 항변하는 장면을 본 실험 참여자들이 클린턴의 탄핵을 더 많이 반대한 것이다. 티덴스 교수 팀은 이어서 실험 참여자들이 잘 모르는 정치인의 영상을 보여주며 같은 실험을 진행했다. 결과는 이전 실험과 동일했다. 해당 정치인이 화를 내며 항변하는 장면을 본 실험 참여자들이 그 정치인을 더 많이 지지했다.

또한 티덴스 교수 팀은 직장에 다니는 회사원들에게 평소에 얼마나 화를 내는지 물어봤다. 그리고 동료의 능력과 유능함에 대해 어떻게 생각하는지를 조사했다. '내가 고용주라면 이 사람을 고용할 것인가, 말 것인가?' 이 조사에서도 평소에 화를 많이 내는 동료가 주변 사람들에게 더 유능하다는 평가를 받았다. 앞의 실험과 이 조사로써 '화'의 감정 표현이 삶에 유리하다는 결과를 나타냈다.

다음과 같은 가상 사례에 대한 조사도 있다. 같은 직장에서 일하는 두 직원이 클라이언트와 중요한 약속을 앞두고 있었다. 그런데 두 직원이 따로 움직여 약속 장소로 가다가 서로 길이 엇갈리는 바람에 약속 시간에 늦고 말았다. 중요한 약속이었는데 그런 상황이 벌어져 난감해졌다. 그 중 한 직원은 화를 표현하며 상황 탓을 했고, 다른 직원은

"내가 평소에 준비를 잘했어야 되는데 내 잘못이야"라며 자신을 탓했다. 이렇게 서로 다르게 반응한 두 사람에 대한 연봉과 직위를 어떻게 주면 될지를 물었다. 즉, '당신이 사장이라면 이 두 사람에게 어떻게 연봉을 책정하겠습니까? 그리고 이들을 고용할 때 어떤 직위를 주겠습니까?'가 그 물음이었다. 조사에 응한 사람들은 화를 표현한 사람에게 더 높은 연봉과 직위를 주겠다고 응답했다. 이 조사 결과를 보면, 화를 잘 표현하는 사람이 자기 능력과 처우의 가치를

전달할 기회를 얻는 것으로 보인다.

하워드 카시노브Howard Kassinove 박사 팀은 한 지역에 거주하는 일반인 93명에게 '화를 낸 일화'에 대해 물었다. 그리고 자신이 화를 낸 것이 장기적으로 봤을 때 긍정적인 결과를 가져왔냐고 질문했다. 그 결과, 43%는 시간이 지나 돌이켜 생각해보니 당시에 화를 냈던 게 도움이 됐다고 응답했다. 이 연구 결과는 카시노브 박사 팀이 앞서 1997년에 발표한 논문의 결과, 즉 러시아인과 미국인에게 실시한 조사 결과와도 유사했다. 그때는 약 50%의 사람들이 화를 낸 경험이 긍정적인 결과를 얻었다고 응답했다.

'화'는 우리에게 정치적 표현을 할 수 있게 하고, 불합리한 상황을 호소하게 하여 변화를 끌어내거나 도움받을 기회를 만든다. 미국에서 9·11 테러가 일어났을 때 미국 국민은 화를 표출하여 정치적 반응을 보였다. 그 사건이 부당하고 불합리하며 안전과 권리를 침해당했다고 느낀 까닭이다. 코로나19 이전에는 광화문 광장에서 열린 촛불집회에서 수많은 시민이 건설적인 화를 표출하여 정치 변화를 끌어냈다. 이처럼, 우리가 화를 낼 때는 항상 대상이 있다. 그 대상이 정치적 사회이든, 비즈니스의 조직이든, 인간관계의 개인이든 말이다. 내가 화를 표현하면 상대는 '아, 내가 이런 잘못을 했을 수도 있겠구나' 하면서 자신을 되돌아볼 기회를 갖게 된다. 누군가가 나한테 화를 내면 그 사람의 목소리에 귀 기울이게 되기 마련이다. 그래서 그 사람은 화의 표현을 통해 자기 의견을 전달할 기회를 얻는다. 마음속으로는 부글부글 화가 났음에도 정작 만났을 때는 그냥 멋쩍게 웃으면서 인사하고 지나가면 자신에게 화를 일으킨 상대방의 불공정함, 불합리함이 그에게 전달되지 않는다. 따라서, 우리 마음속에 화가 생긴다면 그 감정을 회피할 게 아니라, 그 화를 적절하게 표현할 수 있는 방법을 모색해야 한다.

그렇다면, 밖으로 표출하지 않은 화는 어떻게 될까? 시간이 지나면 사라질까? 그러면 좋겠지만 그렇지 않다. 모든 감정은 잘 보듬어지기 전에는 절대로 없어지지 않는다. 또한 화를 적절하게 표현하지 못하면 의사소통에도 문제가 생긴다. 상대가 내 권리를 무시해서 화가 났는데, 적절히 표현하지 않고 쌓아두었다가 갑자기 폭발하면 서로가 무척 곤란해진다. "그래 너 잘났다" 같은 격한 표현으로 치달아, 뜻하지 않게 상대방의 자존감에 상처를 주는 상황을 만들게 되기도 한다. 그쯤 되면 상대와의 의사소통뿐만 아니라 인간관계 자체가 단절된다. 또한 화를 표현하지 않고 마음속에 쌓아두면 신체 건강에도 문제를 야기한다. 가장 대표적인 질병은 심혈관계 질환이다. 그래서 화와 심혈관계 질환의 상관관계도 계속 연구되고 있다. 화를 잘못 다뤄 격한 감정이 폭발한 사람의 경우, 심장병을 앓을 확률이 확연히 높게 나타난다는 보고가 적지 않다. 한 예로, 토마스 버클리Thomas Buckley 박사팀이 313명의 관상동맥 질환 환자를 대상으로 분노(적절히 표현되지 않은 화)의 경험과 심장마비 증상 발현도를 연구했다. 그 결과, 48시간 안에 높은 분노를 경험한 환자의 경우, 분노를 경험하고 2시간 이후 심장마비 증상을 경험할 확률이 분노를 경험하지 않은 사람에 비해 무려 7.5배나 높았다.

30대 중반인 한 여성의 사례가 있다. 이 여성분은 젊었을 때 예술가를 꿈꾸었다. 그만큼 섬세한 감수성을 지닌 분이었다. 그분은 결혼해서 아들 셋을 키우고 있었다. 정서가 예민한 사람에게 남자아이 셋을 육아하는 것은 결코 쉬운 일이 아니다. 더구나 그 여성분의 남편은 꽤 무뚝뚝하고 가부장적이었다. 심지어 그 남편은 부인에게 함부로 말하곤 했다. 남편은 계속 자신의 사회적 명망을 쌓아갔지만, 부인은 결혼 이후 사회 활동은 포기하고 육아와 살림에만 몰두했다. 그런 그 여성분이 남편에게 "직장에서 무슨 일 있었어?" 하고 물으면, 남편은 "없어, 말하면 알아?" 이런 식으로 대답했고, "애나 키우고 있으면서 집안일도 제대로 못하고 말이야"라며 부인을 함부로 대했다. 그런 남편이 시댁에서나 친구들과 집에서 모였을 때면 좋은 가장인 것처럼 행동했다. 설거지도 하고, 밥상도 나르며 가정적인 남편인 척했다. 어느 날은 부부 동반 모임에 갔는데, 다른 부인들은 모두 직장 여성이었으며 나름 자신의 커리어를 쌓아온 사람들이었다. 그 자리에서 그 여성분은 자신이 뒤처진 것 같고, 부족한 것 같고, '내게도 꿈이 있었는데……' 하는 생각이 들자, 속이 불편하여 양해를 구하고 먼저 자리에서 일어났단다. 그러자 남편은 자상한 척 "밥은 먹고 가야지"라고 말했지만, 고마운 마음보다는 미운 마음이 차올랐단다. 곧바로 혼자 귀가한 그분은 많이 울었다고 했다.

그 상황에서 그 여성분이 느꼈던 감정은 무엇일까? 남편이 집에서는 아내를 무시하고 집안일에는 손 하나 까딱하지 않으면서, 남들 앞에서는 위선적으로 배려하는 모습을 연출할 때 무척 화가 났을 것이다. 불공정하고 부당한 상황에 대한 화의 감정이 일어난 것이다. 반면에, '혹시 내가 이상한 건가?' 하며 자기 검열도 했을 것이다. 그러면서 슬픔이나 창피한 감정도 느꼈을 것이다. '사람들이 전부 남편을 좋아하고 편드는 걸 보면 혹시 나한테 문제가 있는 건가?' 하는 생각도 들었을 것이기 때문이다.

그 여성분의 삶에서는 '내게도 이루고 싶은 꿈이 있다' '나도 남편에게 아내로서 정당한 대우를 받고 싶고, 사랑받고 싶다' '그리하여 남들에게도 마땅히 존중받고 싶다'는 소망의 가치가 오랫동안 실현되지 못했다. 그런 현실 인식이 '화'라는 감정으로 나타난 것이다. 따라서, '화'라는 감정의 메시지는 자기 가치와 상반된 현실 문제를 스스로 인식하게 돕는다. 그러므로 '화'는 적합한 타이밍에 자신과 상대에게 도움이 되는 방식으로 표현하면 자신과 상대에게 약이 되지만, 그 시기를 놓치거나 잘못 표출하면 오히려 서로에게 독이 된다. '화'의 메시지를 통해 자신에게 소중한 것, 자신이 지켜야 할 것을 스스로 알아차리게 되고, 그 메시지를 제때 적절히 표현하는 것은 자기 삶의 중요한 약으로 작용하는 것이다.

'화'를 보듬는 열 가지 방법

─ 미국의 종합병원 메이오 클리닉(Mayo Clinic)의 자료

1. 말하기 전에 생각하기

심하게 화난 상태에서 말하면 나중에 후회하는 경우가 많다. 화가 나면 먼저 '내가 화가 났구나!' 하고 알아차리고 머릿속에 드는 생각들을 정리해보는 게 우선 필요하다. 대개는 '불공평한' 대우를 받아서 화가 났을 가능성이 많기 때문에, 내가 받은 대우가 얼마나 불공평한 것이었는지를 생각해보거나, 공평한 대우를 받기 위해 내가 할 수 있는 말이나 행동이 무엇인지 생각해보는 것이 도움이 된다.

2. 차분해진 다음에 화를 표현하기

자기감정을 알아차리고 생각이 어느 정도 정리된 다음에 내 생각을 분명히 표현한다. 단, 자기주장을 할 때는 나의 걱정과 요구를 명료하게 이야기하되 상대를 비난하거나 상대에게 상처를 주는 방식으로 말하지 않도록 한다.

3. 운동하기

신체 활동은 나를 화나게 하는 스트레스 상황을 다룰 수 있도록 돕는다. 화가 너무 많이 나서 통제가 안 되는 듯하면, 밖에 나가서 걷거나 뛰는 활동, 혹은 평소에 즐기는 운동을 하는 것이 도움된다.

4. 나만의 시간 갖기

부모는 화가 많이 난 아이에게 타임아웃의 기회를 준다. 이러한 타임아웃은 어른들에게도 효과적이다. 스트레스가 심하다면 자신을 위한 조용한 시간을 갖고 생각을 정리하는 것이 도움이 된다.

5. 가능한 해결책을 생각하기

나를 화나게 만든 일이나 사람을 집중해서 생각하기보다 화를 야기하는 상황을 '공정하게' 만들 수 있는 방안을 생각한다. 만약 내 남자친구가 매번 약속 시간에 30분쯤 늦는다면, 약속 시간을 30분 일찍 잡는 것을 생각해볼 수 있다.

6. 자신의 기분과 생각을 표현하기

상대방을 비난하면 관계의 갈등이 깊어진다. 화가 나는 상황에서는 '나는'으로 시작하는 말로 나의 기분과 생각을 표현하고, 가능한 한 상대를 존중하는 말투로 구체적으로 말한다. 이를테면 "나 지금 많이 화났어. 피곤한 상태로 귀가하면 매일 설거지거리가 이렇게 쌓

여만 있잖아." "네가 약속 시간에 늦어서 내가 너무 속상해." 이런 식으로 자신의 기분 상태를 밝힌다.

7. 원한을 오래 간직하지 않기

용서의 힘은 강력하다. 화나 다른 부정적인 감정이 긍정적인 감정을 압도하도록 방치하면, 속상함과 부당함에 대한 생각에 계속 사로잡혀 있기 쉽다. (매우 어려운 일이지만) 자신을 화나게 한 사람을 용서할 수 있다면, 그 마음은 오히려 자신의 인격적 성장에 기회를 준 셈이 될뿐더러 인간관계도 개선된다.

8. 긴장 완화를 위한 유머 활용하기

유머를 발휘하면 화나는 상황을 바꿀 수 있다. 하지만 이때 냉소적인 유머는 피해야 한다. 냉소적인 유머는 상대방의 감정을 상하게 하여 상호간의 상황을 악화시킨다.

9. 이완 기법을 연습하기

평소에 마음을 이완하는 훈련을 해두면 좋다. 이완 훈련에는 심호흡하기, 편안한 장소를 상상하기, 평온을 느끼게 하는 단어나 문장 되뇌기, 이완을 유도하는 음악 듣기, 일기 쓰기, 명상하기, 요가하기

등이 있다.

10. 전문가의 도움을 구하기

이상의 방법들을 실천하려고 노력했음에도 불구하고 자신의 화를 보듬는 것은 매우 어려운 일일 수 있다. 자신의 화 때문에 주변 사람들에게 상처를 주는 일이 잦아지거나, 후회되는 상황을 자주 만들게 된다면 전문가의 도움을 받는 것도 좋은 방법이다.

18
'화'보다 강렬한 '질투'와 '시기'

'화'와 관련된 또 다른 감정이 있다. 대표적인 감정이 질투 jealously와 시기 envy이다. 이 두 감정은 '화'와 관련이 있지만 두려움, 슬픔 같은 다양한 감정으로 구성된 일종의 복합적 감정이라고 말할 수 있다. 먼저 '질투'에 대해 예를 들어 살펴보겠다. 한 남자가 여자친구에게 오늘 함께 저녁 먹자고 말한다. 그런데 이 여성은 조금 망설이더니 오늘은 예전 남자친구와 선약이 있다고 대답한다. 그러자 그 남자는 아무렇지도 않은 척했지만, 저녁이 가까워질수록 초조해졌고, 저녁이 되어서는 자기 여자친구가 예전 남자친구와 함께 있다는 생각을 하면서 화가 났다. 그때 느끼는 감정이 바로 '질투'이다. 실제로 심리학 실험에서 질투를 유발하는 상황을 묘사한 시나리오를 실험 참여자들에게 제시한 다음 그 사람들의 뇌가 활성화되는 영역을 촬영해보았다. 그러자 분노와 두려움을 처리하는 뇌 부위인 편도체와 시상하부가 활성화되는 것을 확인할 수 있었다.

질투도 고통스러운 감정이지만 자신에게 중요한 메시지를 전한다. 여자친구가 옛 남자친구와 함께 저녁을 먹는다고 말했을 때, 지금의 남자친구가 "그래? 잘됐다. 그럼 나도 오늘은 친구들 만나서 놀아야지" 하는 반응을 보이면 어떨까? 여자친구 입장에서는 자기의 남자친구가 이해해줘서 다행이라고 생각하는 동시에 내가 옛 남자친구와 함께 저녁을 먹는다는데 아무렇지도 않다는 것에 대해 조금 서운하기도 할 것이다. 질투는 아무에게나 느끼는 감정이 아니라 특별한 대상에게만 느끼는 감정이기 때문이다. 그래서 내가 애착을 맺고 싶은 대상을 다른 사람에게 빼앗길 것 같은 위기감을 느낄 때, 그 위기감을 주는 대상에게 느끼는 감정이다. 그러므로 앞의 예에서는 자기 여자친구의 옛 남자친구가 바로 질투의 대상이 되는 것이다. 그럴 때 열등감이라는 양념이 더해지면 질투심은 훨씬 더 강해진다. 이를테면 내가 평소에 나의 외모에 자신 없어서 의기소침했는데 내

여자친구의 예전 남자친구의 외모가 출중해 보인다면, 혹은 내가 지금 직장을 구하지 못해 힘들어 하고 있는데 내여자친구의 예전 남자친구가 높은 연봉을 주는 직장에 다니고 있다면 질투의 감정은 더욱 강해진다. '나는 열등하기 때문에 내 여자친구를 잃을 수 있다'는 두려움과 함께 애착에 큰 위기감을 느끼게 되는 것이다. 그러므로 우리가 질투를 느끼는 이유는 '애착'을 형성하고 싶은 대상을 지키고 싶기 때문이다. 따라서, 질투라는 감정의 메시지는 남에게 빼앗길 것 같은 사람이 나에게 무척 소중한 존재라는 걸 자신에게 알리는 것이다.

그런데 질투를 느끼면 동시에 화가 나는 경우가 많다. '나'와 관련된 인간관계가 불합리해 보이고, 나의 자기존중감에 상처를 입기 때문이다. 그래서 아이러니하게도 질투가 자신에게 보내는 메시지('소중한 사람을 지켜라')와 반대로 행동하는 경우가 종종 있다. 앞의 예를 이어보면, 그날 이후 삐쳐서 일주일 동안 여자친구의 전화도 안 받고, 그다음에 만나서도 말을 안 하거나 툴툴거리는 것이다. 심지어는 내 여자친구에게 복수한다는 마음이 들어서는 다른 여성한테 더 잘해주는 경우도 있다. 물론 이런 행동을 통해 여자친구는 '내 남자친구가 화났구나' 하고 생각할 수도 있고, '다음부터는 옛 남자친구를 만나지 말아야겠다'고 생각할 수도 있다. 하지만 여자친구가 이렇게 생각하려면 '내 남자친구가 화난 건 내가 그 사람에게 소중하다는 증거구나'라고 생각할 수 있어야 한다.

그럼, 질투의 감정은 어떻게 다루어야 할까? 환기하자면, 질투가 전해주는 메시지는 '내게 저 사람이 중요하다. 그런데 그 애착에 위기감이 있으니 애착 관계를 더 공고히

하라'는 것이다. 바로 이 메시지를 적절히 표현하는 것이 질투의 감정을 잘 다루는 것이다. 그것은 이런 식의 표현일 수 있다. "네가 예전 남자친구를 만나는 거, 사실 나는 걱정되더라." 질투를 느낀다면 자신이 애착하는 상대를 중요하게 생각하는 것이니, 그 사람을 지키고 싶은 마음도 함께 적절히 전달할 수 있어야 한다.

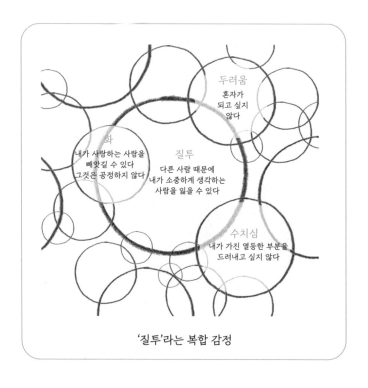

'질투'라는 복합 감정

그러면 '시기'는 질투와 어떻게 다를까? 예컨대, 한 학생이 학기 내내 기말 프로젝트를 위해 열심히 준비하여 발표했다. 그런데 자신이 발표했을 때는 교수님이 별 반응이 없었지만, 다른 학생이 발표하자 (두 발표의 차이가 없어 보이거나, 내가 준비한 것이 더 낫다는 생각이 들었는데도) 교수님이 질문도 많이 하고 칭찬도 했다. 친구들도 다른 학생의 발표에 대해 일제히 엄지를 치켜세우며 대단하다는 사인을 보냈다. 그 순간, 앞서 발표한 학생은 불편한 감정을 느낄 수 있다. 즉, '내 발표도 괜찮았는데…… 왜 내가 발표할 때는 대충 넘어가고, 저 학생의 발표에만 관심이 집중되는 거지?' 이렇게 생각하면서 이해할 수 없는 부당함을 느끼게 된다. 이렇게 부당하다고 느끼는 상황에서는 화가 날뿐더러 시기심도 느껴지기 마련이다. 그래서 '발표 능력이 비슷하거나 오히려 내가 더 나았는데, 왜 사람들은 저 학생을 특별 대우할까?' 하는 마음이 생기는 것이다. 이처럼, 시기심은 '나에게도 똑같은 능력이 있는데 왜 다른 동료만 인정받을까?' 하는 생각이 들 때 느끼는 감정이다.

우리는 자신이 받을 만한 대우와 직위를 원한다. 이를테면 직장 상사가 다른 동료에게만 좋은 평가를 내린다면 시기심이 생길 수 있다. 질투와 마찬가지로, 이런 불공평한 일을 겪으면 화가 나는 것은 물론이고, 거기에 열등감까지 더해진다면 그 강도는 훨씬 더 세진다. 이렇게 시기심을 느낄 때 우리가 선택할 수 있는 방법이 몇 가지 있다. 그중 하나는 상사한테 대드는 것이다. 또는 그 동료를 깔아뭉개는 방법도 있다. 하지만 이런 방법은 나의 화와 시기심에서 오는 고통을 잠시 멈추게 할 수는 있어도 그 감정이 나에게 보내는 메시지의 목적에는 부합하지 않는다. 그래서 그때가 지나면 다시 고통이 생길 것이다. 따라서, 다른 방법을 찾아야 한다. 그중 하나는 내가 내 능력에 합당한 대우를 받기 위해 내 능력 자체를 향상시키는 것이다. 그런 모색과 노력이 바로 내 감정이 내게 전하는 메시지에 더 부합할뿐더러, 내가 원하는 것을 성취하는 데 도움을 주고, 문제를 해결하는 데 효과를 나타낸다. 그 효과가 나타나면 나에게 고통을 주었던 시기심은 저절로 사라진다.

영화 <스타워즈>에 나오는 다스베이더가 이른바 '다크 포스'(악의 힘)를 얻게 된 것은 '분노' 때문이다. 다스베이더는 원래 아나킨 스카이 워커라는 제다이로서 아주 촉망받는 존재였다. 아나킨에게는 어렸을 때 엄마를 못 지켰던 기억이 있었다. 그 때문에 아나킨은 세상에 대한 분노를 갖기 시작했고, 엄마를 지키지 못한 데 대한 죄책감도 갖게 됐다. 그런 아나킨이 나중에 스카이 워커가 되어 파드메 공주를 지켜야 하는 임무를 맡게 되고, 그 과정에서 공주를 사랑하게 된다. 그는 그 여인을 목숨을 걸고서라도 지켜야 된다고 생각했다. 하지만 영화에서 다크 포스는 아나킨이 가진 자신의 무력함에 대한 두려움과 세상에 대한 분노를 보고는 그 안으로 점점 파고든다. 그리고 파드메 공주는 아나킨을 옭아맨 다크 포스를 두려워하기 시작한다.

이후 아나킨의 스승인 오비완이 파드메 공주와 함께 비행선을 타고 다스베이더로 변해가던 아나킨을 찾아간다. 이때 아나킨은 파드메 공주가 오비완의 의견을 옹호하는 모습을 보게 된다. 사실 파드메 공주는 아나킨을 사랑하고 걱정해서 그런 말을 했던 건데, 아나킨은 이 장면에서 질투를 느낀다. 파드메 공주를 오비완에게 빼앗길 수도 있겠다는 마음에 오비완을 질투한 것이다. 그의 질투심은 오비완을 죽이려는 분노의 감정으로 변한다. 그렇게 자신의 힘을 파드메 공주에게 보여주려고 했던 것이다. 싸움 끝에 결국 다스베이더가 탄생한다.

그때 아나킨 스카이 워커가 원했던 건 무엇이었을까? 그것은 엄마는 잃었지만 파드메 공주만큼은 잃고 싶지 않다는 것이었다. 안타깝게도 아나킨은 질투가 전해주는 메시지에 상반된 행동을 하게 됐고, 비극적 스토리가 시작된다.

19
'불안'과 '두려움'은 생존하라는 메시지

우리가 살아가면서 가장 빈번하게 경험하는 감정은 '불안'과 '두려움'일 것이다. 누구나 경험하는 불안과 두려움은 고통스러운 감정이다. 그런 두려움과 불안도 우리 삶에 필요한 것일까? 우리는 왜 두려움과 불안이라는 감정을 때때로 느끼는 것일까?

'시각 절벽'Visual Cliff이라는 유명한 심리학 실험이 있다. 이 실험은 요즘 집에서 반려동물을 대상으로 유행하는 착시 매트와 비슷한 착시현상을 연출한다. 즉, 격자무늬를 이용해 절벽의 느낌이 드는 절반의 공간을 만들어놓고 그 위에 안전한 투명 유리판을 얹어놓는다. 그러고는 그 유리판의 바깥쪽에 아기를 혼자 올려둔다. 잠시 후 그 아기의 엄마가 아기의 맞은편에 서서 아기가 좋아하는 장난감을 들고는 아기에게 이쪽으로 오라는 몸짓을 한다. 그러면 아기는 어떻게 반응할까? 아기는 엄마와 자신 사이에 있는, 유리판 아래의 깊은 공간을 인지하고는 엄마에게 가지 못하고 멈칫한다.

이 실험은 어린아이에게도 두려움의 감정이 일어나며, 그 두려움이 어쩌면 일어날 수도 있는 위협에서 자신을 보호하는 역할을 한다는 것을 확인시켜 준다. 이처럼, 불안과 두려움은 자신을 보호하려는 감정인 것이다. 그래서 불안과 두려움은 인간이 생존하는 데 필수적인 감정이다. 우

리는 낯선 야생동물을 피하려고 한다. 낯선 자연에 나가면 주위를 살피기도 한다. 그 공간이 어두우면 더욱 경계한다. 내가 어렸을 때는 밤에도 아이들이 놀려고 하면 어른들이 이렇게 말하곤 했다. "문밖에 도깨비 왔으니까 조용히 하자." 두려움의 감정을 이용하여 아이들에게 잠잘 준비를 시킨 것이다.

생리적 욕구나 습관도 두려움과 관련된 것이 많다. 예컨대, 폭식하고 싶은 욕구도 굶주렸던 인류가 그 두려움으로 형성한 생리적 습관이다. 단맛 나는 것도 먹고 싶고, 탄수화물도 실컷 먹고 싶은 것은 오래전부터 인류가 식량이 없을 때를 대비해 발달시킨 욕구이다. 즉, 왕성한 식욕은 굶어 죽을 것에 대한 두려움이 발달시킨 오래된 생리적 욕구이며 습관이다.

아이에 대한 부모의 애착도 '두려움'과 관련 있다. 부모가 아기의 울음소리에 과민 반응하는 것도 두려움과 관련 있는 것이다. 부모가 자녀의 울음소리를 들었을 때 활성화되는 뇌 부위는 우리가 다쳤을 때 활성화되는 뇌 부위와 동일하다. 활성화되는 정도도 비슷하다. 그래서 아기가 울기 시작하면 엄마들은 자다가도 금세 깨어난다. 활성화된 각

성이 엄마에게 순간적으로 고통을 주는 것이다. 또 갓난아
이를 달래는 것, 아이들을 부모 곁에 두려는 것, 아이를 혼자

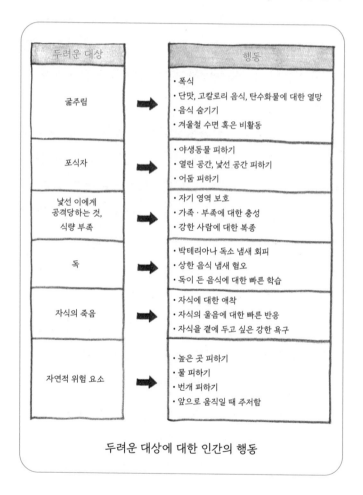

두려운 대상	행동
굶주림	• 폭식 • 단맛, 고칼로리 음식, 탄수화물에 대한 열망 • 음식 숨기기 • 겨울철 수면 혹은 비활동
포식자	• 야생동물 피하기 • 열린 공간, 낯선 공간 피하기 • 어둠 피하기
낯선 이에게 공격당하는 것, 식량 부족	• 자기 영역 보호 • 가족·부족에 대한 충성 • 강한 사람에 대한 복종
독	• 박테리아나 독소 냄새 회피 • 상한 음식 냄새 혐오 • 독이 든 음식에 대한 빠른 학습
자식의 죽음	• 자식에 대한 애착 • 자식의 울음에 대한 빠른 반응 • 자식을 곁에 두고 싶은 강한 욕구
자연적 위험 요소	• 높은 곳 피하기 • 물 피하기 • 번개 피하기 • 앞으로 움직일 때 주저함

두려운 대상에 대한 인간의 행동

혼자 어두운 데 남겨두지 않으려는 것 등이 부모의 두려움과 관련 있다. 이와 마찬가지로 박테리아나 독소 냄새를 피하는 것, 상한 음식 냄새를 혐오하는 것도 두려움과 관련 있다. 독이 있는 음식을 피하려는 것은 죽음에 대한 두려움이 깊이 각인되어 있기 때문이다.

이러한 두려움이라는 감정이 우리에게 주는 메시지는 무엇일까? 첫째는 무언가가 나의 생존을 위협한다는 것을 알려주는 것이다. 나를 위협하는 대상이 자연 재해이든, 무서워 보이는 사람이든 말이다. 둘째는 나 자신을 포함해 내가 소중하게 생각하는 사람들을 보호해야 한다는 것을 알려주는 것이다. 생존 위협과 보호해야 한다는 각성에는 당연히 그만큼의 고통이 따른다. 고통은 통증이다. 두려움의 감정이 고통스러운 이유는 자신에게 곧바로 알리려는 목적이 있기 때문이다. 즉, 우리가 상처를 입었을 때 고통을 느껴야 치료를 하듯이, 두려움에도 고통이 수반되어야 우리가 주의를 기울이고 두려움이 전하는 메시지에 귀 기울이기 때문이다.

그럼, 이런 질문이 가능할 것이다. '불안이나 두려움이 생존에 도움이 된다는 말은 수긍하겠는데, 그 감정이 지나

치면 나쁜 거 아닌가요?' 불안이 지나쳐서 발생하는 공황장애나 불안장애를 대표적인 예로 생각할 수 있겠다. 물론 지나친 불안은 우리 삶에 지장을 초래하고 우리에게 지속적인 고통을 주기 때문에 해결책을 찾아야 한다. 그런데 여기에서 중요한 점은 불안과 두려움이라는 감정 자체는 나쁜 게 아니라는 것이다. 오히려 두려움이나 불안이 나쁜 감정이라고 생각하고 자꾸만 외면하려고 할 때 불안장애와 같은 어려움이 발생하는 것이다. 다시 말하면, 두려운 대상을 직면하지 않고 지속적으로 회피할 때 불안이 커지고 결국 그 불안이 우리 삶을 방해하게 된다는 것이다.

상담센터에 찾아오는 분들이 이렇게 호소하는 경우가 적지 않다. "선생님, 저는 불안 때문에 사회생활에 심각한 어려움이 있어요. 불안만 없으면 잘 살 것 같아요." "어떻게 하면 두려움을 없앨 수 있을까요?" 그분들의 공통적인 요청은 '불안과 두려움이 나의 삶에 방해가 되니 그 고통스러운 감정을 없애버리고 싶다'이다. 그래서 실제로 그분들은 상담센터에 찾아오기 전에 불안과 두려움을 없애기 위해 여러 방법을 시도해보았지만 도움이 되지 않았고, 오히려 그 감정이 악화되는 상황을 맞이했다. 하지만 두려움을 없앤다는 건 참으로 아이러니하다. 사람들 앞에서 발표를 해야 하는데, 아프다는 핑계로 발표를 취소하면 두려움은 사라진다. 하지만 회피하는 것은 장기적으로는 상황을 더 악화시킨다. 즉, 당장의 발표는 안 하게 되어 불안과 두려움의 고통은 잠재웠지만, 다음번 발표 때가 되면 그 고통은 두 배로 가중되어 더 커지기 마련이다. 앞선 '발표 실패'가 자기 경력이 되었기 때문이다. 그러므로 불안과 두려움을 적절히 상대하는 방법은 직면하는 것이다. 당장은 고통스럽더라도 그 감정을 회피하지 않고 그 감정이 나에게 보내는 메시지에 귀 기울이며 각각의 문제를 샅샅이 들여다보는 것이다. 불안과 두려움의 메시지는 주의를 기울여 나에게 닥친 위험 상황에 대처하라는 의미이지, 그저 그 고통에 대해 눈감으라는 뜻이 아니다.

우리는 모두 걱정을 하며 살아간다. 하지만 걱정이 많아 걱정인 사람들이 있다. 그럼, 살아가는 데 필요한 걱정은 어느 정도가 적당할까? 연구에 따르면, 일반인 중 80%는 쓸데없는 걱정을 하며 산다고 한다. 그러니 우리가 쓸데없는 걱정을 많이 하는 것은 지극히 정상이다. 그런데 주목해야 할 점이 있다. 그것은 우리가 걱정하는 내용 중에서 85%는 실제로는 일어날 가능성이 매우 희박한 일이라는 것이다. 따라서, 15%는 실제로 일어나는 일이다. 그런데 실제로 일어나는 일 중에서도 약 80%는 스스로 감당할 수 있는 일이라고 한다. 결국 내가 걱정하고 있는 일 가운데 정말로 걱정해야 할 일은 100개 중에 1개 정도인 셈이다. 99개는 걱정하지 않아도 되는 일인 것이다.

그래도 100개 중에서 1개 정도는 진짜 걱정해야 하기 때문에 걱정을 해야 한다고 말하는 사람이 있을 것이다. 그렇다면, 이래야 하지 않을까? 즉, 걱정해서 해결할 수 있는 일이면helpful worry 걱정하여 해결책을 모색하고, 걱정해도 해결할 수 없는 일이면unhelpful worry(예컨대, '다음 주에 코로나에 걸리면 어떡하지?') 그 걱정에는 집착하지 않는 것이 방법이겠다.

그러고 보면, 대부분의 걱정은 문제를 해결하기보다 문제를 회피하는 방법이다. 다시 말하면, 걱정은 두려움의 메시지를 듣고 실제 위협이 되는 일에 대비하는 행동이 아니라, 두려워하는 상황을 피하기 위한 전략이다. 예컨대, 시험을 못 치를까 봐 침대에서 일어나지 않고 계속 걱정만 하는 것이 그것이다. 시험을 망칠 상황을 막고 싶어서 걱정을 하지만, 결과적으로는 그 두려운 상황을 해결하기보다는 오히려 도래하는 상황을 무력하게 맞이하는 되는 것이다.

그러므로 두려움의 감정은 우리가 피해야 할 대상이 아니라 경청해야 할 대상이다. 두려움의 메시지를 경청하기 시작하면, 오랜 세월 동안 진화해온 인간이 맨 마지막에 발달시킨 뇌 영역인 전전두엽이 활성화된다. 심리치료에서는 내담자가 두려움의 메시지를 경청하는 방법을 배운다. 이러한 불안장애의 심리치료는 항불안제만큼, 혹은 그보다 더 효과적이라는 연구 결과가 있다.

미국 애리조나 평원에 집을 지으면, 뱀들이 집 쪽으로 모인다고 한다. 집이 있는 곳에는 그늘이 있고, 그늘이 있으면 시원하기 때문이다. 그 뱀들은 자연스레 집 안으로도 들어온다고 한다. 그러니 집주인으로서는 무척 싫을 것이다. 싫어할 뿐만 아니라 두렵기도 할 것이다. 그래서 실제로 그곳에 사는 어떤 분이 그 공포감이 심해져 심리치료센터를 방문했다. 그분의 직장은 집 근처여서 그분은 이사하는 것도 꺼렸다. 따라서, 그분으로서는 직장을 포기하든지 뱀을 극복하든지 둘 중 하나를 선택해야 하는 상황이었다. 직장을 그만둘 수는 없고, 뱀의 공포를 극복하려고 심리치료실을 찾았던 것이다.

그 내담자를 담당한 치료자는 이렇게 했다. 우선 투명 박스에 가둔 뱀을 10m쯤 떨어진 곳에 두고는 내담자에게 그것을 보여주었다. 그 내담자는 멀리 떨어진 뱀을 쳐다보라고만 해도 울었다. 몸을 덜덜 떨면서 무서워했다. 하지만 설득을 통해 그 내담자는 그 거리쯤의 뱀은 바라볼 수 있게 되었다. 10m 거리가 익숙해지자 치료자는 내담사를 조금 더 투명 박스 쪽으로 다가가게 했다. 그 일이 있기 전에 치료자가 내담자에게 말했다. "선생님의 뱀에 대한 두려움을 수치로 나타내면 얼마나 됩니까?" 내담자는 처음에는 '100'이라고 대답했다. 그러면서 이 고통스런 시간을 언제까지 지속해야 되냐고 묻기도 했다. 하지만 치료자는 내담자와 그 과정을 계속 반복했고, 그러는 동안 내담자는 뱀과 함께 있는 환경이 점차 익숙해지게 되었다. 나중에는 내담자가 뱀이 있는 박스에 손은 넣어 뱀을 만져보기도 하였고, 마지막에는 뱀을 자신의 무릎 위에 올려놓거나, 심지어 목에 걸기까지 했다. 이 모든 과정이 불과 4시간 만에 가능했다. 그 시간을 통해 내담자는 뱀이 자신을 해치지 않는다는 것을 체득했고, 어떤 뱀은 생명을 위협하는 존재가 아니란 걸 체

험으로 깨달았다. 뱀을 중립적 대상으로 인식할 수 있는 힘을 얻게 된 것이다.

불안과 두려움은 생존을 위해 일어나는 감정이다. 그래서 그 감정은 생존에 필요한 메시지를 담고 있다. 우리는 불안과 두려움이 자신에게 보내는 메시지에 귀 기울여야 한다. 그 메시지의 핵심을 알아차리고 용기를 내어 스스로 적극적으로 자신에게 닥친 상황에 대처해야 한다. 그것은 불안과 두려움이라는 감정을 잘 보듬는 일이기도 하다. 그러다 보면, 애초의 그 고통이 즐거움으로 변하는 것을 느

19 '불안'과 '두려움'은 생존하라는 메시지

낄 수 있다. 그것은 자신만 느낄 수 있는 성취감이며 극복의 결과가 주는 행복한 선물이다.

20

두려움이 알려주는, 내게 소중한 가치

두려움이 전하는 메시지에는 개인이 지키고 싶은 '가치'가 숨어 있다. 자기 삶의 가치가 무엇인지 모르겠다고 말하는 사람이 많지만, 자기감정에 친숙해지면 자기 삶의 가치를 알아차리게 된다. 내가 어두운 곳을 무서워한다면, 나는 그곳에서 피해를 입고 싶지 않은 것이고, 나의 안전을 지키고 싶은 것이다. 거절에 대한 두려움 속에는 거절당하고 싶지 않다는 마음을 넘어서 상대방과 적절한 인간관계를 맺고 싶다는 어울림의 가치가 들어 있다. 강연자가 강연을 시작하기 전에 느끼는 두려움 속에는 청강자들에게 강연 내용을 잘 전달하고 싶고, 청강자들과 잘 소통하고 싶어 하는 강연자의 교육 가치가 들어 있는 것이다. 따라서, 두려움이 나에게 보내는 메시지가 무엇인지는, 다소 고통스럽더라도 그 메시지에 귀를 기울이면 내가 중요하게 여기는 가치를 발견할 수 있다.

두려움 속에서 자기 가치를 발견하고 그 가치를 실현하는 방향으로 행동하기 시작하면 '긍정 감정'이 생기기 시작한다. 앞 장에서 언급했던 '시각 절벽' 실험에서도 아기들은 두려워서 멈칫했다. 아기들도 자신을 중요하게 여기고 다치면 안 된다고 생각했기 때문이다. 그런데 아기가 자신의 팔다리를 써서 조심스레 유리판을 건너가는 방법을 터득하고 나면, 그게 그다지 무서운 대상이 아니라는 걸 알아차리게 된다. 그러고 나면 그때부터는 마구 건너다닐 수 있게 된다. 두려움이 호기심으로 바뀐 것이다. 그 유리판이 두려워할 대상이 아닌 걸 알게 되니 오히려 탐색하고 싶어지는 것이다. 탐색을 통해 인생에 필요한 새로운 자원을 만들고, 정보를 획득하고, 인지 능력을 발달시키는 것이다. 이처럼, 호기심 같은 긍정 감정이 생기면 두려움이 상쇄된다. 두려움을 직시하고, 두려움이 보내는 메시지를 확인함으로써 내가 원하는 가치를 성취하면, 두려움이 보듬어지고 걱정도 사라진다.

예전에 강의를 하면서 수강생들에게 '자신이 두려워하는 것을 실제로 한번 극복해보라'는 과제를 내준 적이 있다. 많은 학생이 이전에는 시도해보지 않았던 노력을 해보고는, 실제로 해보니 재미도 느꼈다는 반응을 보였다. 나의 경우는 청소년 시절에 오래달리기를 하는 일이 무척 싫었다. 내가 고등학교 때는 비만이어서 달리기를 하면 매번 뒤처졌다. 열심히 달렸는데도 매번 그랬다. 한번은 결승선을 통과했는데, 선생님이 내게 한 바퀴 더 달리라고 했다. 1,000m는 운동장 다섯 바퀴였는데, 나는 네 바퀴만 달렸다는 것이다. 혼자서 남은 한 바퀴를 뛰는 동안 너무 고통스러웠다. 그래서 그날부터 오래달리기는 내게 두려움의 대상이 되었다. 그런데 군대에 입대하자 달리기는 거의 매일 할 수밖에 없었다. 한겨울인데도 상의를 탈의한 채 뛰기도 했다. 그런데 매일 달리다 보니 나에게 잘 달릴 수 있는 능력이 있다는 걸 알게 됐다. 신병교육대에 입소해서 처음에 쟀던 1,000m 기록이 퇴소할 때는 1분이나 단축되었다. 40대 후반인 내게 장거리 달리기는 좋아하는 취미 중 하나가 되었다. 선배 교수의 지도와 독려 덕분에 최근에는 하프 마라톤도 완주할 수 있었다. 예전에는 두려움의 대상이었던 오래달리기가 어떤 계기를 통해 성취감을 맛보자 즐거움의 대상이 된 것이다.

　미국의 네바다 주에 불안장애 치료의 대가인 스티븐 헤이스Steven C. Hayes라는 저명한 교수가 있다. 젊은 시절에 교수가 된 그가 어느 날 많은 수강생 앞에서 강의를 시작하려는데 갑자기 공황 증상을 겪었다고 한다. 심장이 마구 뛰고 호흡하기 힘든 상태가 되었던 것이다. 그는 둘 중 하나를 선택해야 했다. 하나는 강의실을 뛰쳐나와 병원이나 연구실로 가는 것이고, 다른 하나는 긴장을 풀고 강단에서 강의를 하는 것이다. 헤이스 교수는 결국 강의실에 들어가 강의를 했다고 한다. 그리고 걱정했던 것과는 다르게 만족스러운 강의를 했다고 한다. 그가 공황 상태에서도 회피하지 않고 강단에 오르는 결정을 할 수 있었던 것은 그날 수강생들과의 강연 약속과 자신에게 교육의 가치가 매우 중요했기 때문이었다고 한다. 불안하고 두려웠던 그 순간에 자기 가치의 절실함이 공황 증상조차 극복하게 해준 것이었다.

　두려움이 생기면 사람들은 으레 도망가게 되지만, 그러기보다 직면하는 연습을 하면 삶에 큰 전환점이 되기도 한다. 내가 상담했던 내담자 중에는 20년간 여러 상담자들에게 상담을 받았던 사람이 있었다. 그분이 나를 소개받아 찾아왔을 때에도 다른 치료자에게 상담을 받다가 방문한 것이었다. 이전 치료자가 내게 보낸 메모에는 "내담자께서는 복합 트라우마를 겪으셨고 대인관계에 매우 민감한 분이니 시간을 가지고 잘 이해하는 것이 중요할 것입니다"라고 씌어 있었다. 그 내담자는 깔끔한 옷차림을 하고 30분 정도 일찍 도착해 첫 상담 시간을 기다리고 있었다. 그리고 두 번째 시간에도 그분은 약속 시간보다 일찍 와서 기다렸다. 60세 이상의 나이에 한쪽 다리에는 깁스를 하고 있어서 아침 일찍 준비하는 것이 쉽지 않았겠지만, 상담 시간을 잘 지켜서 인상적이었다.

상담실에서 우리는 인사를 나누고 첫 상담을 시작했다. 그런데 내담자의 말씀을 들으니 이전 상담자가 내게 메모해 주었던 복합 트라우마가 상상 이상으로 크다는 것을 알게 됐다. 내담자는 오랫동안 친척에게 성폭행을 당한 것을 포함해 지난 40여 년간 여러 학대와 방임을 경험했다. 나는 "선생님께서 느끼시는 고통을 알 것 같습니다. 그런 유사한 고통을 느끼는 분들이 있고, 그런 고통을 효과적으로 다루는 심리치료가 있습니다"라는 희망의 말로써 첫 상담을 마쳤다. 그다음 상담 시간에도 내담자는 30분쯤 일찍 와서 나를 기다렸다. 그런데 내가 상담을 시작하려고 하자, 내담자가 대뜸 상담을 그만두겠다고 말을 했다. 그러고는 상담을 그만두더라도 인사는 해야 할 것 같아서 찾아왔다고 덧붙였다. 상담을 한 차례밖에 진행하지 않았는데 그만 두기로 결정했다니 나는 의아했다. 이유를 물어봤다. 그랬 더니, 지난 첫 상담 때 상담을 마치면서 내가 한 말을 듣고 는 이런 생각을 했단다. '이 사람도 거짓이구나……. 그저

나를 고객의 한 사람으로만 보고 입에 발린 말을 하는구나……. 내게 희망의 말을 건네지만 나중에 잘 안 되면 또 내 탓을 하고는 나를 밀쳐버리겠지…….' 그런 생각이 들어서 내게 실망했고 우울해져서 일주일 내내 상담하러 가지 않겠다고 다짐했단다. 그 말을 듣고 우리는 이런 대화를 나누었다.

저자: 화가 나셨군요…….

내담자: 화가 났죠…….

저자: 제가 선생님의 마음을 더 이해할 수 있도록 조금 더 말씀해주실 수 있나요?

내담자: 결국 이 사람도 이전 상담자와 같구나…….

저자: 아무도 나를 이해하는 사람이 없다고 느낀 거군요.

내담자: (눈물을 흘리며) 그래요…….

저자: 어려운 이야기를 해주셔서 고맙습니다. 선생님 말씀대로 제가 그 고통을 이해한다고 말씀 드렸던 것은 제가 솔직하지 못했던 것 같아요. 하지만 앞으로 선생님의 고통을 이해해가려고 노력하고 싶습니다. 그 과정에서는 선생님의 도움이 필요합니다. 저 같으면

나를 이해하지 못하는 것 같은, 그리고 솔직하지 않은 상담자에게 다시 방문하여 내가 화났다고 말하는 것이 어려울 것 같아요. 용기를 내어 방문해주시고 말씀해주셔서 감사드립니다.

젊은 상담자였던 나는 그 시간에 많이 반성하면서 크게 깨달았다. 내담자는 고맙다는 내 말을 듣고 의아해했지만, 다행히 '거절당할 것에 대한 두려움'에서 도망가지 않고 내게 시간을 더 주기로 결심했던 것이 상담자인 나로서는 참으로 고마웠다. 내담자가 경험한 학대는 아동기, 청소년기, 성인기에도 계속되었으며 배우자에게도 학대당했다. 내담자는 '내 치부에 대해 이야기하면 사람들은 나를 배신할 것이고, 결국 나는 혼자가 될 거야' 하는 생각에 그 상처를 남에게 제대로 꺼낸 적이 없었고, 그 이야기를 하더라도 조금이라도 배신당할 것 같은 기미가 보이면 곧바로 도망쳤다고 한다. 그런데 나를 두 번째 만난 그 시간은 도망가지 않았고, 오히려 내게 '자신이 화났다'고 말했으니 얼마나 큰 용기를 낸 것인가! 나는 그 내담자와 1년 동안 상담을 진행했다. 1년간의 상담을 마치고, 나는 다른 곳으로 이주를 했다. 그리고 2년쯤 지난 어느 날 나는 그분의 편지를 받았다. 편지에는, 자신이 새로운 직장을 가졌고 세금을 내기 시작했다고 쓰여 있었다. 또 평생 대학원에 등록해 공부도 하고 있으며, 교회에서 자원 봉사 활동도 하고 있다고 했다. 본인이 직접 만든 공예품도 작은 상점에서 팔 수 있는 기회를 얻었다는 소식도 적혀 있었다. 그 편지를 받고 나는 그분을 두 번째 만난 날을 떠올렸다. 도망가지 않는다는 것이 얼마나 어려운 일인가에 대해 생각했고, 우리가 자기 내면에 있는 두려움을 직면할 때 그 감정의 메시지가 전하는 중요한 가치를 실현할 기회를 얻는다는 것이 얼마나 소중

한지 다시금 깨달았다.

두려움은 우리를 분주하게 만든다. 심리학자 토니 크래브Tony Crabbe의 저서 『내 안의 침팬지 길들이기』를 보면 "분주함은 인간관계를 망칠 수 있다"는 내용과 함께 여러 일화가 소개되어 있다. 인도에는 바쁘게 사는 사람이 특히 많은데, 하루에 자녀와 대화하는 시간이 아버지는 7분, 어머니는 11분에 그친다고 한다. 하지만 그런 인도인들에게도 '당신에게 가장 중요한 게 무엇이냐'고 물으면 상당수가 '가족'이라고 대답할 것이다. 물론, 직장에서 인정받고 싶은 것도 중요한 가치이다. 이처럼 우리 내면에는 다양한 가치가 있다. 그 가치들을 어떻게 실현할지는 이성의 힘을 빌려 생각해보고 계획을 짜야 한다. 또한 우리는 사회가 부과하는 가치를 따르기도 한다. 우리는 두려움 때문에 사회가 원할 것 같은 가치를 따르고 있을지도 모른다. 만약 그렇다면 두려움은 우리의 긍정적인 감정까지 억누르고 있을지도 모른다. 자신에게 중요한 가치가 무엇인지, 나에게 불안과 두려움을 주는 대상이 정말로 두려워할 만한 대상인지 냉정히 생각해봐야 한다. 만약 내가 사회적 통념을 따라 살아가고 있는 것 같은데도 무기력하고 불안하고 슬프다면, 우리의 감정이 우리 자신에게 고통을 실어 어떤 메시지를 보내고 있는 것이다. 그 메시지를 알아차리는 노력이 필요하다.

두려움은 나 자신에 대한, 내가 사랑하는 사람에 대한, 내가 가치 있게 생각하는 대상에 대한 나의 애정과 연민이 얼마나 강한지를 나 자신에게 알린다. 그 메시지를 고통과 함께 전달한다. 우리는 그 고통을 받았을 때 잠시 한 발짝 떨어져 생각하고는 정말 가치 있는 것들을 발견하여 실현해 나가야 한다. 그렇게 행동할 때 보상이 따른다. 고통이 줄어들면서 즐거움과 재미가 찾아온다. 우리 내면에 이런 메커니즘이 있다는 것은 참으로 놀라운 일이다.

두려움에서 가치를 발견하려면 반드시 해야 할 일이 있다. 그것은 두려운 대상을 피하지 않고 거기에 노출되는 것이다. 두려운 대상을 마주하는 것이다. 우리는 두려워하는 대상에 대해 오해하는 경우가 많다. 대표적인 것이 '편견'이다. '묻지 마 살인 사건'이 사회적 이슈가 되었을 때, 사람들은 정확한 정보 없이 조현병을 앓는 사람은 매우 위험하다고 생각했다. 우리 내면의 두려움이 우리를 그렇게 생각하도록 이끈 것이다. 주변에 있는 조현병 환자로부터 피해를 당하면 안 된다는 두려움이 들불처럼 일어나면서 과학적 근거 없이 '조현병 있는 사람들을 격리하자, 관리하자'고 주장한다.

하지만 실제로는 대개의 조현병 환자는 무서운 대상이 아니다. 조현병을 앓는 사람들은 오히려 폭력의 피해자일 가능성이 높다. 연구에 따르면, 조현병을 앓는 사람이 폭력의 가해자가 될 확률은 조현병을 앓지 않는 사람이 가해자가 되는 비율과 유사하다. 강력 범죄뿐만 아니라 일반 범죄에서도 마찬가지이다. 그럼에도 우리는 그런 사실을 무시한 채 우리 내면의 근거 없는 두려움을 따르는 것이다.

두려움 자체는 나쁜 것은 아니다. 앞서 강조했듯이, 두려움은 생존의 위협으로부터 나를 보호하기 위해 나에게 보내는 메시지를 담고 있다. 다만 우리는 두려움의 메시지를 받았을 때, 정말 두려워할 대상을 두려워하고 있는지, 때와 장소에 맞게 두려움을 이해하고 있는지를 따져볼 필요가 있다. 언젠가 학기 초에 강의를 시작하면서 수강생들에게 과제를 내줬다. 그런데 학기가 끝나기 일주일을 앞두고 한 수강생이 내게 찾아와 기한을 일주일 더 늘려달라고 했다. 이유를 물었더니, 그 과제를 너무 잘하고 싶어서 한 학기 내내 자료를 찾았는데 정작 과제 작성을 시작하지 못했다고 대답했다. 잘하고 싶어서 계속 미뤘다고 했다. 그 학생은 잘 못하는 것, 완벽하지 못한 것에 대한 두려움과 마주치기 싫었던 것이다. 완벽을 목표했지만 완성하지 못한 과제는 더 나쁜 결과를 가져온다.

사회불안장애는 남들에게 부정적인 평가를 받는 걸 두려워하는 등의 이유로 사람들 앞에 서기 어려워하는 증상을 보인다. 이 때문에 그분들은 사회적 혹은 학업적 어려움을 경험한다. 이런 증상을 보이는 사람을 치료할 때는 반드시 사람들 앞에 나서보게 하는 노출 전략을 활용한다. 예컨대, 한 카페에서 판매하지 않는 음료를 주문해본다든지, 때로는 사람들 앞에서 바보 같아 보이는 행동도 해보곤 한다. 지금 내가 완벽하지 못할까 봐 걱정하는 상태인데, 오히려 어딘가 모자란 사람처럼 행동해보라고 권하면 그분들은 크게 걱정한다. 그런데 실제로 그렇게 두려워하는 대상에 반복적으로 노출되고 나면 불안이 줄어든다. 왜냐하면 두려워하는 대상이 실제로는 그다지 두려워할 만한 것이 아니라는 것을 조금씩 깨닫게 되기 때문이다.

완벽하지 못한 것은 무서운 결과를 초래하지 않는다. 완벽하지 못할까 봐 나타나는 감정인 불안은 내가 완벽하지 못하기 때문에 나타날 결과를 초래할까 봐, 이를테면 사회에서 거절당하는 등의 결과를 초래할까 봐 미리 준비하라는 신호를 자신에게 보내는 것이다. 실제로 어떤 결과가 나타나는지를 아직 알 수 없기 때문에 더욱 불안한 것이다. 이 불안이 주는 메시지는 '완벽해야 한다'는 것이라기보다는 '남들에게 거절당하지 않고 소속되고 싶다'일 것이다. 만약 완벽하지 못했는데 남들이 나를 여전히 좋아하고 거절하지 않는다는 것을 알게 되면, 완벽하지 못한 것에 대해 더 이상 불안해하지 않을 것이다.

또한 두려움을 보듬으려면 두려운 대상이 진짜 두려운 것인지, 거기에 부딪쳐보고 호기심을 발동시켜 탐색해보는 용기가 필요하다. 그리고 두려움을 통해 자신에게 중요한 가치가 무엇인지를 알아차렸다면, 그 일을 당장 해보는 것이 좋다. 두려움은 우리가 중요하게 생각하는 것이 실현되고 있지 않다는 것을 우리 자신에게 알리고, 그 중요한 것을 실천하도록 하는 진정한 친구라는 것을 잊지 않길 바란다.

21
감정의 고통을 보듬는 방법

노르웨이의 극작가 헨리크 입센Henrik Ibsen은 자신의 희곡 『페르 귄트』Peer Gynt에서 과도한 낙관주의와 우울한 현실주의 사이의 거래를 다뤘다. 이 작품에 등장하는 마왕은 페르 귄트에게 "근심 없는 영생을 살길 원하는가?"라고 묻는다. 페르 귄트는 근심이 없어지면 행복한 삶을 살 수 있고, 결혼도 완벽해질 거라고 생각했다. 페르 귄트는 그 제안을 받아들인 대가로 한쪽 눈을 뽑히게 되고 남은 한쪽 눈으로는 핑크 색만 보게 된다. 이 이야기는 우리가 감정을 마비시켰을 때의 결과를 비유해준다. 페르 귄트는 행복한 삶을 살기 위해 고통스런 감정을 회피하는 길을 선택했고, 그의 선택은 결국 불행으로 이어졌다. 심리학에서는 이것을 '감정 회피'라고 한다. 이 주제를 정리하는 차원에서 감정 처리와 관련된 세 가지 개념을 설명해보겠다. 그 세 가지 개념은 감정 회피emotional avoidance, 감정 주도 행동emotion driven behavior, 감정 기반 행동emotion informed behavior이다.

'감정 주도 행동'은 '감정 회피'와 유사한데, 그 둘에는 감정을 직접적으로 경험하지 않으려고 한다는 공통점이 있다. 하지만 '감정 회피'는 이를테면 화를 느끼지 않으려고 하거나 화나지 않은 척하려는 것이고, '감정 주도 행동'은 화를 폭력으로 표현하는 것처럼 감정이 전달하려는 메시지와는 별개로 즉각적인 고통을 해소하는 방향으로 행동하는 것이다. 반면에 '감정 기반 행동'은 감정이 전하는 메시지를 알고 그에 맞게 행동하는 것이다. 이를테면 시험을 치르기 전에 불안을 느끼면 불안이 전하는 메시지, 즉 '시험에 준비하라'는 메시지에 부합하게 행동하는 것이다. 누군가가 나를 부당하게 대우해서 화가 나면 화가 전하는 메시지, 즉 '공정한 대우를 받아라'라는 메시지에 부합하게 정당한 요구를 하는 것이다. '감정 기반 행동'이 '감정 회피'나 '감정 주도 행동'과 다른 점은 '감정 기반 행동'을 하기 위해서는 감정이 전하는 메시지를 알아차려야 하고, 때로 고통스러운 감정을 직면할 수 있어야 하며, 어느 정도 고통을 감내하는 노력이 필요하다.

앞선 장들에서 나는 고통스러운 감정은 억제하거나 통제하기보다 보듬어야 한다고 강조했다. 이 장에서는 고통스러운 감정을 보듬는 구체적인 방안인 '감정 기반 행동'에 대해 살펴보겠다. 나는 '보듬다'라는 표현을 자주 사용한다. 이 낱말은 영어로는 '포옹하다'embrace 혹은 '껴안다'hug에 해당한다. 흔히 하는 말, 즉 감정을 '다룬다' 혹은 감정을 '극복한다'는 말들이 감정을 '통제해야 할 대상'으로 상정한 듯한 뉘앙스가 있어서 나는 '보듬다'라는 동사를 사용한다.

먼저 글자 'AWESOME'을 보자. 원래 'awesome'이라는 말은 '경탄할 만한' '굉장한'이라는 뜻을 가진 영어이다. 반면에, 대문자로 쓰는 '**AWESOME**'은 부정적인 감정을 보듬는 (훌륭하고 멋진) 방법을 나타내는 영어 단어들의 글자 앞부분을 따서 내가 만든 표현이다. 그 영어 단어들은 **AW**areness(알아차리기), **E**xposure(노출하기), **S**pecify **O**bjective/value(목적과 가치를 구체화하기), **M**ove for **E**xcellence(목적을 향해 움직이기)이다.

그럼, 하나씩 살펴보겠다. 감정을 보듬으려면 우선 '내가 지금 슬프구나'(혹은 화가 났구나, 혹은 불안하구나) 하는 자기감정을 알아차리고, '나는 이 감정을 느낄 자격이 있음'을 인정한 다음, 그 감정이 고통스럽더라도 피하지 않고 잠시 견디고(노출하기), 그 감정이 전하는 메시지를 파악해야(목적과 가치를 구체화하기) 한다. ('감정 기록지'를 활용해 내 감정을 알아차리는 연습을 할 수 있다).

자기감정을 알아차리는 건 쉬운 일 같지만, 감정이 순간적으로 스치고 지나갈 때가 많기도 하고, 습관적으로 감정을 무시하거나 억압해버리는 경우도 많기 때문에 감정을 잘 알아차리기는 결코 쉬운 일이 아니다. 심리학에서는 감정을 알아차리고 그 감정에 자신을 노출하는 기법을 오랫동안 심리치료에 통합하고 활용해왔다. 최근에는 자기감정을 알아차리고 노출하는 기법이 실제로 감정을 조절하는 뇌 부위에서 활성화를 이끄는 매우 좋은 전략이라는 연구 결과가 축적되고 있다. UCLA대학 심리학과의 매튜 리버만 Matthew Lieberman 박사와 그의 동료들은 실험 기간을 기준으로 5년 이내에 상당한 스트레스를 경험한 참가자들을 선별한 다음, 두 그룹으로 나누었다. A그룹에게는 자신에게 가장 큰 스트레스를 줬던 사건과 그때의 감정을 적어보는 시

감정 기록지

감정 \ 요일	월	화	수	목	금	토	일
행복 흥미 기대 배려 돌봄							
애정 사랑							
사랑받음 연민 감사 자랑스러움 자신감 심리적 상처 슬픔							
후회 과민							
화 분노 혐오 경멸 수치심							
죄책감 부러움							
질투심 불안감							
두려움 (　　)							

• 작성 방법: 왼쪽 열에 있는 감정들을 각각 언제 느꼈는지 요일별로 체크한다.
　　　　당신이 느꼈던 다른 감정들을 왼쪽 열에 추가할 수도 있다.

간을 갖도록 했고, B그룹에게는 감정과는 무관한 일에 대해 적어보도록 했다. 두 달 동안 총 4회에 걸쳐 이 실험을 진행했다. 그 결과, 스트레스를 많이 받은 사건과 그때의 감정을 기술한 A그룹이 B그룹에 비해 우울과 불안이 줄고 삶의 질이 높아졌다. 또한 이 결과가 우리의 감정을 조절하는 것으로 알려진 뇌 부위들(우측 복외측전전두엽, 좌측 편도체)의 활성화와 관련이 있었음을 알아냈다. 즉 고통스러운 감정을 알아차리고 그 감정에 노출('감정 기록지'에 체크하는 행동)되면, 그 순간에는 고통이 따르지만 장기적으로는 우울, 불안 증상 등의 고통스러운 감정들이 경감될 뿐 아니라 삶의 질도 향상된 것이다. 놀라운 것은 이러한 향상이 실제로 뇌의 변화와 관련이 있다는 점이다. 우리가 행동을 바꾸면 우리의 뇌가 변화한다는 사실을 증명한 것이다. 최근의 수많은 심리치료 연구 결과가 이러한 뇌의 변화를 지지한다.

독일의 유명 작가 헤르만 헤세도 신경증을 앓았다. 그래서 그는 오랫동안 정신분석을 받았다. 헤세의 자서전이나 관련 자료를 보면 그 내용이 기록되어 있다. 심리치료는 헤세의 삶과 작가로서의 전문성에 무척 중요한 요소 중 하나였다. 헤세의 글에는 헤세가 감정을 알아차리고 그 고통을 바라보면서 경험한 진지한 고민이 고스란히 담겨 있다. 헤세는 고통을 피한 게 아니라 글을 씀으로써 그것을 직면하고 그것을 애틋하게 보듬은 듯하다. 그러려면 섬세한 감각은 훌륭한 조력자가 된다. 헤세의 작품 『수레바퀴 아래서』의 일부를 읽어보자.

이른 아침 시간, 아무도 산책하지 않는 이때의 숲은 정말 얼마나 아름다운가! 가문비나무들이 기둥처럼 줄줄이 늘어서 끝없는 홀을 청록의 둥근 천장으로 덮었다. 덤불은 거의 없었고, 다만 여기저기 나무딸기만 무성했으며, 한참을 가도 부드럽고 푹신푹신한 이끼뿐인 지대가 나왔다. 군데군데 키 작은 월귤나무와 히스가 자리를 잡았다. 이슬은 이미 다 말랐다. 쭉 뻗은 나무줄기들 사이로 아침 숲 특유의 무더운 기운이 떠돌았다. 이것은 따뜻한 햇살, 안개, 이끼 향 그리고 송진과 잣나무 엪과 버섯이 한꺼번에 풍기는 냄새 등등이 뒤섞인 것으로, 찌릿찌릿하게 온 감각을 애무했다.

주인공 한스가 이른 아침 숲의 느낌을 탁월하게 표현하고 있다. 감각과 느낌은 감정을 구성하는 요소들이다. 이렇게 표현하려면 내가 순간순간 느끼는 감각을 알아차리고 경험하는 노력이 필요할 것이다. 작가와 같은 감수성이 없더라도 탁월한 문학 작품을 읽음으로써 간접 경험을 하면 독자 자신의 현실 인식 능력을 잘 훈련할 수 있을 것이다.

감정을 알아차리는 과정에는 심리학적으로 두 가지 기제가 관여한다고 한다. '관찰'과 '수용'이 그것이다. 이와 관련해 2017년에 에밀리 린지Emily Lindsay 박사와 데이비드 크레스웰David Creswell 박사가 제안한 '관찰과 수용 이론'을 소개하겠다. 이 이론은 현재 일어나고 있는 경험(예: 공황 상태에서 심장이 빠르게 뜀)을 관찰하고, 그 현재의 경험을 바꾸려고 노력하지 않은 채로 경험을 지속하는 과정을 이야

기한다. 그런 고통스런 경험을 지속하다 보면, 머릿속에 그 경험에 대한 평가나 판단(예: '죽을 수도 있다!')이 생기는데, 그런 평가나 판단도 관찰하고(예: '죽을 수도 있다는 생각이 마음속에 드는구나') 그대로 흘려보내기를 이 이론은 제안한다.

이처럼 관찰하고 수용하려면 연습이 필요하다. 관찰하는 연습의 예를 들자면, 지금 먹는 음식을 마치 처음 본 사람처럼 호기심을 가지고 음식의 색깔, 냄새, 혀에서의 느낌, 맛, 씹을 때의 소리 등에 주의를 기울이는 것이다. 이러한 연습은 일상생활 어디에서나 가능하다. 연습을 많이 할수록 관찰하는 능력이 향상된다. 수용하는 연습으로는 어떤 노랫가락에 생각을 입혀보거나, 어떤 생각을 글로 써보는 방법도 있다. 이 과정에서 고통스러운 감정을 마주할 수 있지만 잠시 견디는 것이 필요하다.

고통스러운 감정을 느끼고 노출되는 것에서 한 걸음 더 나아가, 그 감정이 나에게 전하는 메시지(목적과 가치)에 귀기울이는 것이 중요하다. 이를테면, 슬픔은 내가 중요하게 생각하는 것이 내 삶에서 빠져 있다는 메시지를 고통과 함께 내게 전해준다. 빠져 있는 것이 어떤 사람일 수도 있고,

어떤 직장일 수도 있고, 어떤 사건일 수도 있다. 예를 들어, 연인과 헤어졌을 때 느껴지는 슬픔은 이 사람이 나에게 중요한 사람이었구나, 혹은 누군가와 관계를 맺는 것이 나에게 중요한 것이었구나, 라는 생각을 하게 한다. 슬픔을 통해 내 삶에서 무엇이 중요한지 깨닫게 되는 것이다.

고통스러운 감정에는 때로는 왜곡된 인지적 평가가 반영되어 있다. 이를테면 슬픔, 불안, 죄책감 같은 감정 상태에서 이런 왜곡된 생각을 할 수 있다. 즉, '나는 완벽해야 한다.' '내 미래는 불행할 것이다.' '세상은 나를 옳거나 틀리다로 판단할 것이다.' '어떤 잘못된 일이 생기면 모두 내 탓이다.' 이런 생각들이 들면 그 생각을 애써 떨쳐버리거나 잘못된 것이라고 무시할 것이 아니라, 그런 생각 안에도 나의 소망과 욕구가 들어 있음을 알아차리고 찬찬히 들여다보며 보듬는 것이 필요하다. 예컨대, '나는 완벽해야 한다'는 생각에는 '나는 사람들에게 인정받고 싶다'는 바람이 있을 것이다. 즉 그 생각에는 주변 사람들에게 인정받고 싶은 자기 가치가 들어 있는 것이다. 그 가치는 중요하다. 단, 어떤 사람에게는 살아오면서 인정받기 위해 갖추어야 할 조건이 완벽에 가까울 만큼 높았을지도 모른다. 완벽하고 싶다는 강한 신념을 갖고 있는 사람이 얼마나 힘든 환경에 있었을 지 짐작할 수 있다. 자신이 완벽해야만 한다는 신념 때문에 힘들다면, 자신이 왜 사람들에게서 인정받으려고 하는지를 따지고 질책하기보다, 내가 생각해오던 '인정을 위한 조건'을 점검해볼 필요가 있다. '정말 그런 조건들을 갖추어야만 내가 인정받을 수 있을까?'라고 자문하는 것이다.

심리치료사는 내담자가 이러한 감정과 그 감정 안에 왜곡된 생각을 갖고 있을 때 그것을 본인이 알아차리고 관찰할 수 있도록 도움을 준다. 그리고 그 생각의 이면에 있는 내담자의 소망과 욕구를 찾으면서 내담자가 그런 생각을 갖게 된 까닭을 탐색한다. 내담자가 강하게 믿고 있던 '인정받기 위한 조건'이 정말 중요한 조건인지 파악하기 위해 내담자가 그렇지 않은 상황에서도 노출되도록 하면서 내담자의 신념을 검증한다. 심리치료사는 내담자 옆에서 내담자가 그런 과정을 함께할 수 있도록 지원해주고 도움을 준다.

뇌를 변화시키는 가장 효과적이고 안전한 방법은 생각과 행동을 변화시키는 것이다. 내가 생각을 조금 다르게 하는 것에서 한 걸음 더 나아가, 내가 중요하게 여기는 가치를 찾고 가치에 부합하는 행동을 하면 뇌가 바람직한 방향으로 바뀐다. 이에 관한 연구가 꽤 많이 축적되고 있는데, 이를 통틀어 '후생유전학'이라고 한다. 우리가 만든 행동의 변화가 우리 유전자의 발현 정도까지 바꾼다고 보는 것이다. 이러한 뇌의 '변화 가소성'은 정도의 차이는 있지만 노인 때까지 이어진다고 한다. 우리가 어떻게 행동하느냐, 어떤 환경에 처했느냐에 따라 우리의 뇌는 끊임없이 변한다.

감정을 보듬는 마지막 단계는, 내가 취할 수 있는 방법 중에서 감정이 전달하는 메시지에 부합하는 활동이 무엇인지 살펴보고 그 활동을 하는 것이다. 내가 숲 속에 있고 너무 추운 상황인데, 장작을 구해 불을 피우고 불을 쬐는 상상을 한다면 정말 따뜻해질까? 그렇지 않다. 장작을 땐다고 생각하는 게 아니라 장작을 구해 와서 실제로 불을 붙여야 한다. 감정의 문제도 마찬가지이다. 내가 사람들과 어울리고 싶을 때, 사람들과 파티를 하고 친구들이 나를 반겨주는 상상을 한다고 해서 슬픔이 없어지지 않는다. 내가 원하는 것을 깨닫고, 다소 불편해도 모임에 직접 참가해보는 것이 나의 현실의 변화를 이끈다.

목적과 가치를 인식하고 가치에 부합하는 행동을 하

기 위해 움직일 때, 뇌의 전전두엽 부위가 활성화된다. 특히 이때 '배외측전두엽'이라는 부위가 관여한다. 좌측 배외측전두엽은 내가 원하는 가치가 무엇인지, 내 계획이 무엇인지를 생각할 때 활성화한다. 주말에 놀러 가는 스케줄을 생각하고, 몇 시에 출발하고 어디를 예약할지, 가는 시간은 얼마나 걸릴지, 가면 얼마나 피곤할지 혹은 즐거울지를 생각하는 과정에서 그 부위는 활성화된다. 감정이 전달하는 목적이나 가치를 알고 나면 이제 우리는 전전두엽을 활용해 그 목적과 가치를 실현할 방법을 찾고 실행할 수 있다. 우울증 때문에 방문한 한 내담자는 심리치료 과정에서 함께 찾은 가치 실현 방법 몇 가지를 노트에 적고는 그것을 '나의 항우울 행동, 근본적 치료'라고 명명했다. 그리고 본인이 항우울 행동(가치에 부합하는 행동들)을 하면 우울감이 줄어드는 것을 경험했고, 그런 행동을 많이 하는 것이 자신의 우울증을 극복하는 길이라는 것을 깨달았다.

미국심리학회 웹 사이트(www.apa.org)에는 트라우마와 관련된 사례들이 정리되어 있다. 그중 하나를 소개하겠다. 윌슨이라는 사람이 있다. 41세 여성인 그분은 2010년에 여행 가이드로 일하던 중에 테러리스트에게 공격을 당했다. 테러리스트가 벌채용 칼로 곁에 있던 친구를 죽이는 장면을 목격했고, 자신도 그 칼에 여러 번 찔렸다. 그녀는 심하게 칼에 찔리고 얻어맞다가 막판에는 죽은 척했다. 그래서 기적적으로 목숨을 건질 수 있었다. 다행히 목숨은 건졌지만 그 사건이 윌슨에겐 너무 큰 상처를 주었다. 이후 신체의 상처는 간신히 회복을 했는데, 심리적인 내상은 계속 남아 있었다. 테러를 당한 당시 윌슨은 예루살렘 쪽에 있었다. 그곳에서 숲길을 걷다가 공격을 당했기에 이후로 숲길을 걸을 때면 헉헉거리면서 숨을 못 쉰다고 했다. 그렇게 호흡 곤란을 겪으면서 겨우겨우 걷긴 하는데, 그 시간이 무척 고통스럽다고 했다. 이후 윌슨은 숲길을 걸을 때마다 <Somewhere Over the Rainbow> 노래를 부른다고 했다. 노래를 부르면서 한 발짝씩 걸으면 좀 나아진댔다. 물론 평소엔 자다가도 악몽에 시달리고, 덤불에서 갑자기 누가 확 튀어나오는 꿈을 꾸면서 벌떡 일어나곤 했다. 가만히 있다가도 느닷없이 친구의 죽음을 목격했던 기억이 선명하게 떠올랐다. 누가 빨간색 옷을 입고 있는 걸 보면 그날의 흥건했던 피가 떠오르고, 그렇게 당시의 사건을 자꾸 다시 경험하면서 오랫동안 괴로워했다. 그것은 트라우마를 경험한 사람들에게 나타나는 일반적인 증상이다. 끔찍한 사건을 다시 경험하는 것이다. 이런 반응을 통해 신체적인 각성이 일어난다.

공포감을 주는 대상이 다가오면 우리는 각성된다. 그래야 싸우든지 도망가든지 할 수 있다. 그건 지극히 당연하고 자연스러운 반응이다. 악몽이나 기억을 통한 여러 경험은 공포를 되살아나게 해서 우리를 도망치게 만든다. 그런데 방금 이야기한 그 여성분은 그 살인 사건에 대한 공포를 더 이상 회피하지 않았고 현재는 많이 극복했다고 한다. 오히려 트라우마를 겪은 사람들을 위해 강연을 하러 다니면서 그들의 치유에 도움을 주고 있단다. 윌슨은 어떻게 고통스러운 트라우마로부터 많이 벗어날 수 있었을까? 누구나 성적 학대, 신체적 학대, 정서적 학대, 교통사고 등 비정상적인 상황을 겪고 나면 심한 두려움도 생기고 깊은 상처도 갖게 된다. 심리치료에서 내담자는 심리치료사와 함께 감정을 알아차리는 연습을 하고, 그것이 고통스럽더라도 두려워하는 대상에 자신을 노출한다. 윌슨은 특히 고통이 컸기 때문에 전문적으로 노출 기법을 훈련받은 심리학자에게 도움을 받았다. 이렇게 심리치료사의 도움으로 자신을 노출한 사람은 두려움 속에 숨어 있던 자신의 가치를 찾아낼 수 있다. 끝내 트라우마에 희생되어 살 것인가, 아니면 트라우마를 통해 확인한 나의 여러 가치를 추구하며 살 것인가를 선택할 수 있게 된다. 인간이 느끼는 극도의 공포라는 것은 반대로 생각해보면 반드시 생존하고자 하는 강한 욕구에서 나타난다.

신기한 것은 트라우마를 겪은 다음에 오히려 '외상 후 성장'을 경험하는 사람이 있다는 점이다. 자신이 경험한 비정상적인 상황 속에서 생존에 대한 감사, 삶에 대한 감사, 타인과의 관계에 대한 감사 등등 그동안 당연하게 여겼던 부모와 친구의 소중함을 깨닫고, 자기 삶에서 새로운 가능성을 찾기도 한다. 개인적인 강점을 발견하기도 하며, 종교적인 변화, 즉 어떤 종교의 영적인 존재와 관계를 맺으며 변화를 경험하기도 한다. 이처럼, 외상 후에 더 성장하는 사람들의 특성을 살펴보면 거듭하여 '가치'를 강조하지 않을 수 없다. 앞의 사례에서 윌슨도 자신과 같은 고통을 경험한 사람들에게 도움이 되고 싶다는 가치를 발견했고, 그 가치를 실현하면서 살아가는 것이 본인의 트라우마를 극복하는 데 큰 힘이 되었다고 한다.

외상과 관련된 불안뿐만 아니라 슬픔이나 화 같은 고통스런 감정을 피하고 있다면 (물론 피하고 싶은 그 마음의 고통은 충분히 이해되어야 하지만) 그 감정을 응시하고 보듬을 수 있는 활동을 하나씩 찾아야 한다. 이 책의 앞부분에서 '조작적 조건형성'에 대하여 살펴봤듯이, 불안한 상황을 피하려고 친구들을 만나지 않다 보면 그런 방식의 대처에 익숙해진다. 그러다 보면 내가 불안해하는 감정을 처리하기를 피하게 되고, 결국 친구들을 만나면서 얻을 수 있는

즐거움도 활성화되지 않는다. 오랫동안 즐거움을 활성화하는 경험을 하지 않으면 기회는 사라지고 만다.

사람마다 자신에게 소중하다고 느끼는 가치는 조금씩 다를 수 있다. 그것이 누군가에게는 10년 이상 자신과 함께 살아온 반려동물일 수도 있고, 또 다른 누군가에게는 선친이 애지중지하셨던 난초일 수도 있다. 이렇듯 우리는 자신만의 가치를 가지고 있다. 그런데 그것이 외부의 가치인지, 나의 가치인지, 그 두 가지가 얼마나 가깝게 중첩되어 있는지를 살펴봐야 한다. 그 두 가지가 통합되지 않으면 즐겁지 않을 수밖에 없다. 부모님이 비타민을 먹으라고 강요해서 매일 한 알씩 먹는 게 아니라, 내 건강에 필요하다고 스스로 느낄 때 열심히 잘 먹을 수 있다. 외부에서 좋다고 하는 가치와 나의 가치가 일치할 수 있도록 자신의 가치를 돌아봐야 한다. 즐거움을 활성화시키는 방법은 가치 있다고 생각하는 것을 찾아 하나씩 활성화해보는 것이다. 때때로 불편할 수 있겠지만, 불편하더라도 불편함을 인정하고 활성화해 나갈 용기가 필요하다.

나는 무엇에서 즐거움을 느끼는지 가만히 생각해보기 바란다. 우리가 스트레스를 많이 받으면 즐거웠던 기억들이 묻힌다. 뇌에서 기억을 담당하는 부분인 해마는 스트레스를 오랫동안 심하게 받으면 스위치를 꺼버린다. 하지만 감정을 보듬기 시작하고, 가치를 찾고, 스스로 즐거운 활동들을 하기 시작하면 옛날의 기억들이 되살아난다.

22
자기감정에 대한 오해

감정의 고통을 보듬는 데 걸림돌이 되는, 감정에 대한 오해가 있다. 그 점을 살펴본다면 자기감정을 보듬지 못하는 까닭을 더 잘 이해할 수 있게 될뿐더러, 자기감정에 더 쉽게 다가갈 수 있을 것이다. 한 아이가 있다. 부모가 아이의 감정을 묵살한다. "야, 뭐가 대단한 일이라고 울고 그래!?" "괜찮아, 큰일 아니야." 그러면 아이는 생각한다. '(내 감정의 고통은······) 이거 별것 아닌데, 내가 유난을 떠나 보다.' 이런 경우도 있다. 친구가 "나 너무 속상해"라고 말할 때 "괜찮아, 아무 일 아닐 거야. 다 그런 거야. 괜찮을 거야." 그런데 이런 식으로 말해주는 게 사실은 의도와는 다르게 친구의 감정의 고통을 묵살하는 것일 수도 있다. 그런 응대에 친구는 별로 고마워하지 않고 오히려 더 속상해할 때 그렇다. '이 친구는 내가 고통스러운 게 별것 아니라고 생각하는구나' 하는 메시지를 받을 수 있다.

이런 경우도 생각해보자. 한 아이가 학교에서 친구에게 추행을 당했다. 그 아이가 고민하다가 부모에게 얘기한다. 그런데 부모는 어찌할 바를 모른다. 그래서 아이한테 "괜찮아, 괜찮아. 별것 아니야." 이렇게만 얘기한다. 덧붙여 "뭐 그럴 수도 있어. 걔가 널 좋아하나 보다." 그러고는 진지하게 응대하지 않는다. 그러면 그 아이는 '절대 괜찮은 게 아닌데, 나는 고통스러운데, 엄마는 왜 이 문제를 괜찮다고 하는 거지?' 하며 혼란에 빠진다. 자신의 감정이 묵살 당했기 때문이다. 그러다 보면 아이는 '별로 고통스럽지도 않은 일을 가지고 나만 심각하게 여기나 보네' 하는 생각이 들어 자신의 감정을 들여다보지도, 보듬지도 못하게 된다.

그러면 아이나 친구가 "나 힘들어, 속상해"라고 표현할 때 어떻게 대해주면 좋을까? "야, 괜찮아." 이렇게 대꾸하는 게 아니라, "무슨 일 있었니?" 하고 물어보고, "그래? 진짜 속상하다." "어떡해…… 너무 속상했겠다." 이렇게 공감을 표현해야 한다. 이런 표현은 묵살의 정반대 태도이다.

이런 공감의 대화는 우리 자신에게도 말할 수 있다. '그래, 정말 속상하다. 속상할 만하다.' '그래 맞아. 얼마나 속상하겠니.' '화날 만해' 하면서 스스로에게 공감의 말을 건네는 것이다.

아이가 자신의 불편한 감정을 표현할 때, 어떤 부모는 경멸하는 경우도 있다. "애처럼 굴지 말고 그만해!" 이런 식으로 말이다. "네가 형인데, 도대체 네가 몇 살인데 그래?"

라고 야단치면 아이의 감정은 뭐가 될까? 부모의 말에 반발심도 생기겠지만, 한편으로는 자신이 애처럼 군 게 되어서 창피하기도 할 테다. '나는 왜 이럴까?' 이런 생각을 하게 되는 것이다. 반면에, 아이가 자신의 불편한 감정을 말할 때, "그랬어? 아빠라도 이런 상황에서는 속상하겠구나. 엄마라도 그럴 거야. 에그, 얼마나 속상하겠냐"라고 하면서 "어휴, 그것 참 힘든 건데, 네가 굉장히 힘들겠구나." 이렇게 한마디 덧붙여주면 아이는 위로받는다.

때로는 부모가 너무 힘들어서 아이의 감정에 압도되는 경우도 있다. 그래서 "그만 좀 해. 나보고 어쩌라고. 응? 나도 힘들어, 나도." 이런 반응을 나타낸다. "너 때문에 내가 우울증 걸렸어." 이렇게까지 말하는 경우도 있다. 그러면 아이는 '내 감정이 엄마를 힘들게 하는구나' 이렇게 생각할 것이다. '내 감정이 누군가를 힘들게 하는구나' 이런 생각마저 들면 아이는 감정을 오해하게 된다.

감정에 대한 오해에는 몇 가지 유형이 있다. 첫째는, '기간에 대한 오해'이다. 이 오해는 감정의 지속 정도에 관한 것이다. 우리에게는 안전한 환경에서 자기감정을 표출해본 경험이 별로 없다. 그래서 한 번 감정이 표출되면 그 감정이 계속 갈 것만 같다고 여긴다. 한 번 화나면 그 화가 지속될 테고, 한 번 슬프기 시작하면 거기서 헤어 나오지 못할 거라고 생각하는 것이다. 하지만 실제로는 감정이 지속되는 시간은 생각보다 짧다. 그래서 우울장애를 앓는 분도 '지난 2주간 슬픔이 지속되었다'고 말할 수는 없다. 그것은 불가능하다. 감정은 상황에 따라 곧잘 변하기 때문이다. 가만히 되짚어보면, 우리는 하루에도 여러 감정이 생겼다가 사라지는 것을 경험한다. 길몽을 꾼 아침에 '기대되는 감정'을 느꼈던 순간, 주식 현황을 보고 '다소 흥분된 감정'을 느꼈던 순간, 친구의 전화를 받고 '흐뭇한 감정'을 느꼈던 순간, 우연히 교통사고를 목격하고 '긴장된 감정'을 느꼈던 순간, 라디오 방송에 소개된 사연을 들으며 '슬픈 감정'을 느꼈던 순간 등등, 매일 우리의 내면에서 수많은 감정이 나타났다가 사라진다. 이처럼 감정은 오래 지속되지 않는다. 그래서 감정은 우리가 다룰 만한 대상인 것이다.

감정에 대한 오해의 둘째 유형은 '통제력에 대한 오해'이다. 이런 생각을 할 수 있다. '내 감정을 통제할 수 없을 거야.' '내가 감정을 느끼도록 허락하면 나를 통째로 잃어버릴 텐데, 그게 무서워.' 이런 오해는 '기간에 대한 오해'와 비슷한 면이 있지만, '통제력에 대한 오해'는 기간에 상관없이 통제력 상실에 대한 두려움과 관련 있다. '통제력에 대한 오해'가 생겼을 때도 우리는 감정을 억누르고 회피하는 전략을 사용하곤 한다. 그런데 감정은 오히려 느끼지 않으려고 하고 억누르고 회피할수록 통제하지 못할 가능성이 커진다. 순간순간 느껴지는 화를 오래도록 처리하지 않으면 화가 쌓이고 쌓이다가 갑자기 펑 터지는 것이다. 인간은 통제하지 못하는 것을 두려워한다. 하지만 감정이 정말 통제할 수 없는 것인지, 내가 한번 화나면 절대 통제할 수 없는 것인지를 살펴봐야 한다. 감정을 통제할 수 없을 것이라고 여기는 오해는 대부분 계속해서 감정을 회피하고 억압하다가 분출되어 생긴 것일 수 있다.

감정에 대한 오해의 셋째 유형은 '이해에 대한 오해'이다. '내 감정이 혼란스럽다.' '내 감정이 이해가 안 된다.' 이런 생각들이다. 내 감정들이 이상하고 낯설고, 그래서 그것들을 이해할 수 없고, 도대체 이런 감정이 어디서 왜 오는지 모르겠다, 이런 것이다. 내 감정이 묵살되는 경험을 많이 했고, 혹은 내 감정이 그렇게 중요하지 않은 것 같고, 그래서 내 감정을 처리한 경험이 별로 없고, 그러다 보니 도대체 이 감정이 뭔지 잘 모르겠다는 것이다. 죄책감, 분노, 두려움 같은 감정이 복합적으로 느껴지는데 그저 혼란스러운 것이다. 결국 감정에 대해 무기력해지고, 그 감정을 처리하지 못하게 된다. 그럴 때에는 이런 감정들이 이상하지 않다, 낯선 게 아니다, 감정들을 이해할 수 있다, 감정들이 생겨난 이유가 있다, 하고 생각하면서 스스로 감정을 이해하려는 태도를 취해보는 것이 좋다. 그럴 때는 이 책에서 자주 강조했듯이, 이 감정들이 도대체 어디에서 기인했고,

이 감정들의 기능은 무엇이고, 이 감정들은 왜 나에게 계속 메시지를 보내는지를 이해해보려는 노력이 매우 중요하다.

감정에 대한 오해의 넷째 유형은 '타인의 생각에 대한 오해'이다. '내 감정을 주변 사람들이 동의하지 않는 것 같아.' '이 감정은 나만 느끼는 것 같아.' '이런 감정을 느끼는 걸 보니 나만 무언가 이상하고 잘못된 것 같아.' 이런 생각은 주변 사람들을 의식하기 때문에 나타난다. 그래서 '내가 다른 사람들보다 훨씬 더 예민해서 그래. 그러니 다른 사람들은 내 감정을 이해하지 못할 거야'라고 생각하게 된다. 이런 생각을 하면 할수록 사람들 앞에서 자기감정을 표현하기는 어려워진다. 주변 사람들이 "너 왜 그러냐. 별것도 아닌 걸 가지고 그러냐." 이런 식으로 반응하면 '내가 애도 아닌데 왜 이런 걸 가지고 이렇게 매달리지?' 하는 생각이 들기 마련이다. 이때는 '타당화'validation가 필요하다. 타당화란 "그래, 그 상황에선 그렇게 느낄 수 있어"라고 주변 사람들이 공감해주는 것이다. 그래서 나는 큰아들한테 "동생이 네 장난감을 마음대로 만져서 진짜 속상했겠다." 이렇게 얘기해주는 것이다. 아이가 속상해서 화내고 있을 때 "어휴, 진짜 화났겠다." 이렇게 얘기해주면 아이의 화는 금세 진정

된다. 이런 반응을 '타당화'라고 한다. 타당화의 요소는 '네 감정이 이상한 게 아니야. 나도 네가 그 감정을 느끼는 것에 동의해'라는 식의 공감이다.

감정에 대한 오해의 다섯째 유형은 '합리화 혹은 이지화intellectualization하려는 오해'이다. 그것은 이성적으로 생각하려는 태도에서 나타난다. '나는 모든 부분에서 이성적이고 논리적이어야만 해'라는 식으로 생각하는 것이다. 이런 생각이 나쁜 것은 아니지만, 내가 감정을 배제하고 모든 사안에서 논리적이어야 한다, 합리적이어야 한다고 생각한다면 그것은 오해이다. 대학생의 경우 60% 이상의 학생들이 이 오해에 대해 묻는 설문조사에 '그렇다'고 응답했다. 이 조사는 오늘날 대학생들이 자기감정을 어떻게 만나야 하는지에 대한 태도를 보여준다. 앞서 강조했듯이, 이성이 진정한 힘을 발휘하려면 감정을 허락하고, 느끼고, 보듬을 수 있어야 한다.

감정에 대한 오해의 여섯째 유형은 '죄책감이나 수치심에 대한 오해'이다. 특정 감정을 결함으로 인식하거나, 자신이 약하거나 부적절하다는 의미로 해석하는 것이다. 어떤 감정을 느낄 때 죄책감이나 수치심을 갖는 데에는 환경의 영향력이 크다. 단언컨대 잘못된 감정은 없다. 모든 감정은 생존과 적응에 도움이 된다. 그러므로 오히려 문제는 감정을 느끼지 못하는 것이다. 감정을 느끼는 것은 자연스러운 현상이다. 역시, 중요한 것은 각각의 감정들에 어떤 메시지가 담겨 있는지 살펴보는 것이다.

감정에 대한 오해의 일곱째 유형은 '감정 표현에 대한 오해'이다. 자기감정을 다른 사람에게 나타낼 때 말과 행동으로 드러내는 것이 옳지 않다고 생각하는 것이다. 대학생들의 약 50%가 이 오해에 대해 묻는 설문조사에 '그렇다'고 응답할 만큼 감정 표현에 대한 오해가 많다. 자기감정을 표현하는 것은 자기존중감을 지키고 우리가 사회에 소속되도록 도움을 준다. 다만 감정을 표현할 때는 적절한 때와 장소와 방법을 찾아 표출하는 것이 자기감정이 전하는 메시지의 목적을 이룰 가능성을 높일 수 있다는 사실을 잊지 말아야 한다.

감정에 대한 오해의 여덟째 유형은 '감정의 가치에 대한 오해'이다. 이 오해는 감정의 가치를 낮추려 해서 생겨난다. 내가 느끼는 감정은 아무런 효용이 없다는 생각에서 비롯한다. 하지만 사실은 감정은 우리를 살아 있게 할 만큼 매우 중요한 역할을 한다. 거듭 강조하지만, 모든 감정은 인간의 생존과 적응에 필수적이다. 그리고 우리를 살아가게 하는 힘은, 예컨대 가족, 교우, 취업, 승진, 사업, 신앙 등 등에 관련된 자기 가치에서 나온다. 그런 다양한 삶의 가치는 누구나 자기감정의 메시지에 나타나 있다. 따라서, 자기감정에 귀 기울인다면 그 가치들을 분명히 발견할 수 있다.

이 여덟 가지 유형의 대표적인 감정의 오해는 왜 생겨날까? 그것은 우리가 어렸을 때부터 주변 사람들로부터 받은 감정에 대한 피드백 때문인 경우가 많다. 내가 속한 연구 팀이 한국의 대학생들을 대상으로 감정에 대한 부정적 태도와 우울, 불안, 학업 스트레스, 알코올 사용, 공격성 등등의 관계를 조사했다. 그 결과, 상당한 정적인 상관관계를 보였다. 즉, 자기감정에 대한 태도가 부정적인 경우에 (내 감정이 부끄럽고, 남들은 내 감정을 이해 못 할 것 같고, 내 감정을 표현하지 못하고, 이성으로 합리화하려고 하는 것 등) 우울과 불안 증상이 높게 나타났다. 학업에 대한 스트레스도 높았고, 공격성도 높았으며, 술을 마시는 양과 빈도도 높았다. 이 조사는 상관관계 연구이므로 인과관계를 추론하기는 어렵지만, 자기감정에 대한 태도가 대학생들의 삶과 얼마나 밀접한 관련이 있는지를 나타내주었다. 독자분 자신이 우울하거나, 불안하거나, 식욕이 없거나, 자꾸 공격적으로 사람들을 대하거나, 감정의 고통을 술로만 해결하고자 한다면, 바로 지금이 자기감정을 살피고 이해하고 보듬을 때라고 생각하면 좋겠다.

추기

앞에서 소개한, 감정에 대한 오해의 정도는 로버트 리히 박사의 '정서 도식 척도'로 측정할 수 있다. 궁금한 분은 이어지는 '부록'의 표로 검사해보기 바란다.

리히 박사의 '정서 도식 척도'(간편형)
Leahy Emotion Schema Scale, LESS-II Brief Form

아래의 문항들은 자신의 감정을 다루고 처리하는 방법에 대한 내용으로 구성되어 있다. 감정을 다루는 방식은 개인마다 다르고, 정답은 없다. 다음을 읽고 지난 한 달 동안 자신이 감정을 경험하고 처리한 방식을 떠올리며 자신의 태도나 자신의 생각과 얼마나 비슷한지 응답해보자.

문항	전혀 그렇지 않다	상당 부분 그렇지 않다	다소 그렇지 않다	다소 그렇다	상당 부분 그렇다	매우 그렇다
1. 나는 종종 사람들이 이해하지 못하는 방식으로 느끼고 반응한다.	1	2	3	4	5	6
2. 그냥 뒀다가는 스스로 통제하지 못할 것 같은 두려운 감정이 있다.	1	2	3	4	5	6
3. 내가 느끼는 감정을 나 스스로 이해할 수 없다	1	2	3	4	5	6
4. 한번 감정이 격해지면, 그 감정이 지속될까 봐 두려울 때가 있다.	1	2	3	4	5	6
5. 내가 느끼는 감정들이 창피하고 부끄럽다.	1	2	3	4	5	6
6. 아무도 내가 느끼는 감정에 관심을 가지지 않는다.	1	2	3	4	5	6
7. 나의 어떤 감정은 '나에게 무슨 문제가 있나?' '나는 왜 이러지?'와 같은 생각을 하게 한다.	1	2	3	4	5	6
8. 나의 감정을 통제하지 못할까 봐 걱정된다.	1	2	3	4	5	6
9. 어떤 감정들은 느낄 수 없도록 차단해야 한다.	1	2	3	4	5	6
10. 때때로 아무 감정 없이 정서적으로 마비된 듯한 느낌이 든다.	1	2	3	4	5	6

각 문항에서 4점(다소 그렇다) 이상에 체크한 경우에는 그러한 감정이 어떤 것인지, 그 감정에 대한 스키마(마음의 안경)를 형성하게 된 환경을 살펴보고, 스키마를 형성한 나를 지지하는 태도로 이해하려고 노력해본다. 그리고 그 감정이 고통스럽더라도 잠시 견뎌본다. 그러고는 그 감정이 전하려는 메시지가 무엇이었는지를 생각해보고, 감정이 전하는 자신의 가치를 발견한다면 그 가치를 실현하는 방안도 생각할 수 있을 것이다.

나를 위한, 감정의 심리학

초판 발행일 2022년 3월 3일
지은이 최기홍

펴낸곳 국수
등록번호 제2018-000158호
주소 경기도 고양시 일산동구 진밭로 36-124
전화 (031) 908-9293
팩스 (031) 8056-9294
전자우편 songwriter@kuksu.kr

ⓒ 최기홍, 2022, Printed in Goyangsi, Korea

ISBN 979-11-90499-42-2 13180